PAYSAGES ET PAYSANS

Eugène FASQUELLE, éditeur, 11, rue de Grenelle, Paris.

OUVRAGES DU MÊME AUTEUR

Dans la BIBLIOTHÈQUE-CHARPENTIER

à 3 fr. 50 le volume

Les Névroses (5e mille)............................... 1 vol.

Dans les Brandes, poèmes et rondels............. 1 vol.

L'Abîme, poésies...................................... 1 vol.

La Nature, poésies................................... 1 vol.

Les Apparitions, poésies........................... 1 vol.

Il a été tiré de cet ouvrage quinze exemplaires, numérotés à la presse, sur papier de Hollande.

Sceaux. — Imp E. Charaire.

MAURICE ROLLINAT

PAYSAGES
ET
PAYSANS

— POÉSIES —

PARIS
BIBLIOTHÈQUE-CHARPENTIER
EUGÈNE FASQUELLE, Éditeur
11, RUE DE GRENELLE, 11

1899
Tous droits réservés.

AU PEINTRE NATURISTE

A mon vieil ami

LÉON DETROY

Je dédie bien affectueusement

ces poésies de campagne

En souvenir des bonnes heures passées ensemble.

M. R.

PAYSAGES ET PAYSANS

RÉPONSE D'UN SAGE

Un jour qu'avec sollicitude
Des habitants d'une cité
L'avaient longuement exhorté
A sortir de sa solitude :

« Qu'irais-je donc faire à la ville?
Dit le songeur au teint vermeil,
Regardant mourir le soleil,
D'un air onctueux et tranquille.

Ici, de l'hiver à l'automne,
Dans la paix des yeux, du cerveau,
J'éprouve toujours de nouveau
La surprise du monotone.

Mes pensers qu'inspirent, composent,
Les doux bruits, les molles couleurs,
Sont des papillons sur des fleurs,
Voltigeant plus qu'ils ne se posent.

Fuir pour les modes, les usages
D'un enfer artificiel
Le grand paradis naturel?
Non! je reste à mes paysages.

Chez eux, pour moi, je le proclame!
Le temps se dévide enchanté.
J'ai l'extase de la santé,
Le radieux essor de l'âme.

Mon cœur après rien ne soupire.
Je tire mon ravissement
De l'espace et du firmament.
C'est tout l'infini que j'aspire!

Vos noirs fourmillements humains
Courant d'incertains lendemains?...
J'aime mieux ces nuages roses!

Et je finirai dans ce coin
Mon court passage de témoin.
Devant l'éternité des choses. »

LES GENÊTS

Ce frais matin tout à fait sobre
De vent froid, de nuage errant,
Est le sourire le plus franc
De ce mélancolique octobre.

Lumineusement, l'herbe fume
Vers la cime des châtaigniers
Qui se pâment — désenfrognés
Par le soleil qui les rallume.

Les collines de la bruyère,
Claires, se montrent de plus près
Leurs dégringolantes forêts
Semblant descendre à la rivière.

Celle-ci bombe, se balance
Et huileusement fait son bruit
Qui s'en va, revient, se renfuit,
Comme un bercement du silence.

Le vert-noir de l'eau se confronte
Avec le bleu lacté du ciel
A travers la douceur de miel
D'un air pur où le parfum monte :

Un arome sensible à peine,
Celui de la plante qui meurt
Exhalant sa vie et son cœur
En soufflant sa dernière haleine.

Or, dans ces fonds où l'on commence
A voir, des buissons aux rochers,
Des fils de la Vierge accrochés,
Rêve un clos de genêts immense.

Ils épandent là, — si touffue,
En si compacte quantité !
— Leur couleur évoquant l'été,
Qu'ils cachent le sol à la vue.

Ils ont tout couvert — fougeraies,
Ronce, ajonc, l'herbe, le chiendent.
Sans un vide, ils vont s'étendant
Des quatre côtés jusqu'aux haies.

A-t-il fallu qu'elle soit grande
La solitude de ce val,
Pour que ce petit végétal
Ait englouti toute une brande !

Promenoir gênant, mais bon gîte,
Abri sûr, labyrinthe épais
Du vieux reptile aimant la paix
Et du lièvre qu'une ombre agite !

Leur masse est encore imprégnée
Des pleurs de l'aube : ces balais
Montrent des petits carrelets
En fine toile d'araignée.

Parmi ces teintes déjà rousses
Du grand feuillage décrépit
Ils sont d'un beau vert, en dépit
Du noir desséché de leurs gousses.

Leur verdoiement est le contraire
De celui du triste cyprès :
Il n'évoque pour les regrets
Aucune image funéraire ;

Et pourtant, que jaune-immortelle
Leur floraison éclate ! Alors,
Tout bas, ils parleront des morts
Aux yeux du souvenir fidèle.

Ayant picoté les aumônes
Du bon hasard, dans les guérets,
Les pinsons, les chardonnerets
S'y mêlent rougeâtres et jaunes ;

Et souvent, aux plus hautes pointes,
Dans un nimbe de papillons,
On voit ces menus oisillons
Perchés roides, les pattes jointes.

Mais le soleil qui se rapproche
Perd sa tiédeur et son éclat.
Déjà, tel arbre apparaît plat
Sur le recul de telle roche ;

Toute leur surface embrumée
De marécageuse vapeur,
Les genêts dorment la stupeur
De leur extase inanimée.

Monstrueux de hauteur, de nombre,
Dans ce paysage de roc,
Ils sont là figés, tout d'un bloc,
D'air plus monotone et plus sombre.

En leur vague entour léthargique
Ils prennent, sous l'azur dormant,
Un mystère d'enchantement,
Une solennité magique.

Voici qu'avec le jour plus pâle
A droite, à gauche, on ne sait où,
Sur les bords, au milieu, partout,
On entend le chant bref du râle :

Et c'est d'une horreur infinie
Ce cri qui souterrainement
Contrefait le respirement
D'un être humain à l'agonie!

Puis le ciel baisse à l'improviste,
Devient noir, presque ténébreux.
Les genêts s'éteignent. — Sur eux
La pluie avorte froide et triste.

Et le vent gémissant lugubre,
Au soir mauvais d'un jour si beau,
Emporte dans l'air et sur l'eau
Leur odeur amère et salubre.

A QUOI PENSE LA NUIT

A quoi pense la Nuit, quand l'âme des marais
Monte dans les airs blancs sur tant de voix étranges,
Et qu'avec des sanglots qui font pleurer les anges
Le rossignol module au milieu des forêts?...

A quoi pense la Nuit, lorsque le ver luisant
Allume dans les creux des frissons d'émeraude,
Quand murmure et parfum, comme un zéphyr qui rôde,
Traversent l'ombre vague où la tiédeur descend?...

Elle songe en mouillant la terre de ses larmes
Qu'elle est plus belle, ayant le mystère des charmes,
Que le jour regorgeant de lumière et de bruit.

Et — ses grands yeux ouverts aux étoiles — la Nuit
Enivre de secret ses extases moroses,
Aspire avec longueur le magique des choses.

LA PETITE SŒUR

En gardant ses douze cochons
Ainsi que leur mère qui grogne,
Et du groin laboure, cogne,
Derrière ses fils folichons,

La sœurette, bonne d'enfant,
Porte à deux bras son petit frère
Qu'elle s'ingénie à distraire,
Tendre, avec un soin émouvant.

C'est l'automne : le ciel reluit.
Au long des marais de la brande
Elle va, pas beaucoup plus grande,
Ni guère plus grosse que lui.

Ne s'arrêtant pas de baiser
La petite tête chenue,
Sa bouche grimace, menue,
Rit à l'enfant pour l'amuser.

Elle lui montre le bouleau ;
Et lui dit : « Tiens ! la belle glace ! »
Et le tenant bien, le déplace
Pour le pencher un peu sur l'eau.

Et puis, par elle sont épiés
Tous les désirs de ses menottes ;
Elle chatouille ses quenottes,
Elle palpe ses petits pieds.

Sa chevelure jaune blé
Gazant son œil bleu qui l'étoile,
Contre le soleil fait un voile,
Au baby frais et potelé.

Ils sont là, parmi les roseaux,
Dans la Nature verte et rousse,
Au même titre que la mousse,
Les insectes et les oiseaux :

Aussi poétiques à l'œil,
Vénérables à la pensée !
Double âme autant qu'eux dispensée
De l'ennui, du mal et du deuil !

Par instants, un petit cochon,
Sous son poil dur et blanc qui brille,
Tout rosâtre, la queue en vrille,
Vient vers eux d'un air drôlichon.

Il s'en approche, curieux,
Les lorgne comme deux merveilles,
Et repart, ses longues oreilles
Tapotant sur ses petits yeux.

Et puis, c'est un lézard glissant,
Ou leur chienne désaccroupie,
Eternuant, tout ébaubie,
Pendant son grattage plaisant.

Alors la sœur dit au petiot
Dont l'œil suivait un vol de mouche :
« Regarde-la donc qui se mouche
« Et qui s'épuce — la Margot ! »

Au souffle du vent caresseur
Chacun fait son bruit monotone :
Ce qu'elle dit — ce qu'il chantonne :
Même vague et même douceur !

Entre des vols de papillons
Leur murmure plein d'indolence
S'harmonise dans le silence
Avec la chanson des grillons.

Mais le marmot que le besoin
Gouverne encore à son caprice
Crie et réclame sa nourrice
En agitant son petit poing.

Ses pleurs sont à peine séchés
Qu'il en reperle sur sa joue...
La sœurette lutine et joue
Avec ces chagrins si légers.

A mesure qu'il geint plus fort,
Que davantage il se désole,
Sa patience le console
Avec plus de sourire encor.

Le tourment de l'enfant navré
A grossi les larmes qu'il verse...
Elle le berce — elle le berce,
Le pauvre tout petit sevré!

Elle l'appelle « son Jésus! »
Le berce encore et lui reparle,
Tant qu'elle endort le petit Charle.
Mais l'âge reprend le dessus.

Elle est fatiguée, elle a faim.
Elle va comme une machine,
Renversant un peu son échine
Sous ce poids trop lourd à la fin.

L'enfant recommence à crier :
Sa sœur met sa force dernière
A le porter — taille en arrière
Que toujours plus on voit plier.

C'est temps qu'il ne dise plus rien!
Sur sa capote elle le pose,
Et pendant qu'il sommeille, rose,
Elle mange auprès, va, revient,

D'un pied mutin, vif et danseur.
Et quand le petiot se réveille,
Il retrouve toujours pareille
La Maternité de sa sœur.

LA CHARRETTE A BŒUFS

Ces rout' à tas d'cailloux où des beaux ch'vaux d'calèches
S'rencontr' avec des ân', des perch'rons, des mulets,
Où pass' carriol', patach', tap'culs, cabriolets
Att'lés d'bidets pansus quand c'est pas d'ross' ben sèches,

Pour moi, c'est des ch'mins d'vill', censément comm' des rues
Qui s'allong'raient sans fin et n'auraient pas d'pavés,
Et tout c'qui roul' dessus, crasseux comm' bien lavé.
De bruit, d'forme et d'couleur, m'bless' l'oreille et la vue.

Sur ces rubans d'terrain des berg', des p'tit' montagnes,
M'né par des maquignons, des laquais, des monsieurs,
Tout ça s'démèn', court, trott', craq' du r'sort et d'l'essieu,
Mais tout ça : rout', voitur', ch'vaux, gens, c'est pas campagne !

Dans l'sérieux d'nos vallons comparez donc l'passage
D'ceux ch'vaux vêtus d'harnais qu'un ch'ti fouet cingl' d'affronts
Avec nos bœufs tout nus qui n'ont que l'joug au front?
Eux et moi que j'les mène on s'mêle au paysage !

Parlez-moi d'ma charrette entr' ses buissons d'verdure,
Montée — i' semblerait — sur deux meul' de moulin,
Couleur de terre et d'arbre, et dont l'gros moyeu s'plaint
Si douc'ment q'ça m'en berc', comme un chant d'la nature!

Viv' la voiture à bœufs qu'une aiguillad' conduit,
Dont l'herb', l'ornièr', la boue étouff', envas' le bruit,
Qui prend l'roulis câlin d'ses deux lent' bêt' camuses,

Et s'en va comm' l'eau calme et les bons nuag' s'en vont!
C'est l'vrai char de nos plain', d'nos marais, et d'nos fonds,
Tout comm' leur seul' musique est cell' des cornemuses.

LE MIRAGE

Le ciel ayant figé ses grands nuages roses,
Émeraudés, lilas, cuivreux et violets,
L'étang clair, miroitant dans la douceur des choses,
Renvoya leur image avec tous ses reflets.

Dans l'onde, sous le souffle errant des vents follets,
Gardant leur infini, leurs airs d'apothéoses,
Leur éclat, leur magique et leur lointain complets,
Ils dormaient, invoilés, la langueur de leurs poses.

La voûte et lui fondus, ne faisant qu'un ensemble,
L'étang, du même bleu lisse et profond qui tremble,
Autant qu'elle, vivait ses décors glorieux :

Tel était le pouvoir du plus beau des mirages
Que j'admirais le ciel, sans relever les yeux,
Prenant l'eau pour l'azur avec tous ses nuages.

LE SOLEIL

Le Soleil est le tout-puissant
Qui féconde, en éblouissant,
Plaines, coteaux, monts et vallées :
Les immensités étalées
Sous leur plafond d'azur luisant.

Il éclate retentissant
Jusqu'aux ravines désolées,
Fait les terres bariolées,
Rend irisé, phosphorescent,
Le dos houleux des mers gonflées.

Il trouve tout obéissant :
Bois enfouis, roches voilées,
Les eaux courantes ou gelées,
Et l'ombre elle-même le sent.

Au zénith d'où vont jaillissant
Ses lumières immaculées,
Fixe il trône! et, quand il descend
Dans l'air frais, par lui rougissant,
Il jette aux profondeurs troublées
Ses deux grandes pourpres mêlées :
Celle du feu, celle du sang.
Le Soleil est le tout-puissant!

LE PÈRE ÉLOI

Une nuit, dans un vieux cimetière pas riche,
Ivre, le père Éloi, sacristain-fossoyeur,
Parlait ainsi, d'un ton bonhomique et gouailleur,
Gesticulant penché sur une tombe en friche :

« Après que j'suis sorti d'l'auberge
En sonnant l'Angelus, à c'soir,
J'm'ai dit comme' ça : Faut q'jaill' la voir
Au lieu d'y fair' brûler un cierge !

J'te dérang' ! Sous l'herbe et la ronce
T'es là ben tranquille à r'poser ;
Bah ! tout seul, un brin, j'vas t'causer :
T'as pu d'langu', j'attends pas d'réponse.

T'causer ? T'as des oreill' de cend'e...
Et t'étais sourde avant l'trépas.
Mais, quéq' ça fait q'tu m'entend' pas...
Si mon idée est q'tu m'entendes.

J'pense à toi souvent, va, pauv' grosse,
Beaucoup le jour, surtout la nuit,
Dans la noc' comme dans l'ennui,
Que j'boiv' chopine ou creuse un' fosse.

J'me saoul' pas pu depuis q'l'es morte
Que quand t'étais du monde. Enfin,
C'est pas tout ça ! moi, j'aim' le vin,
J'peux l'entonner puisque j'le porte.

Fidèl' ? là-d'sus faut laisser faire
Le naturel ! on n'est pas d'bois...
C'que c'est ! j'y pens' pas quant e' j'bois,
Quant' j'ai bu, c'est une aut' affaire !...

Si j'en trouve un' qu'est pas trop vieille,
Ma foi ! j'vas pas chercher d'témoins !
Pourtant, l'âg' yétant, j'pratiqu' moins
La créatur' que la bouteille.

Bah! je l'sais, t'es pas pu jalouse
Que cell' qu'a pris ta succession.
Es' pas q'j'ai ton absolution?
Dis? ma premièr' défunte épouse?

Des services? t'as ma promesse
Que j'ten f'rai dir' par mon bourgeois.
Quoiq'ça, c'est inutil': chaqu' fois,
J'te r'command' en servant sa messe.

J'voudrais t'donner queq' chos' qui t'aille :
Qui qui t'plairait? qu'est-c'que tu veux?
Un' coiff'? mais, tu n'as pu d'cheveux.
Un corset? mais, tu n'as pu d'taille.

Un' rob'? t'es qu'un bout de squelette.
Des mitain'? T'as des mains d'poussier.
Des sabots garnis? t'as pu d'pieds.
Faut pas songer à la toilette!

T'donner à manger? bon! ça rentre...
Mais, pour tomber où? dans quel sac?
Puisque tu n'as pu d'estomac,
Pu d'gosier, pu d'boyaux, pu d'ventre!

D'l'argent? mais, dans ton coin d'cimetière
Qué q't'ach't'rais donc ? Seigneur de Dieu !
Allons ! tiens ! pour te dire adieu
J'vas t'fair' cadeau d'un' bonn' prière.

Si ça t'fait pas d'bien, comm' dit l'autre,
Au moins, ben sûr, ça t'fra pas d'mal.
Mais, tu m'coût' pas cher... c'est égal !
Tu la mérit' long' la pat'nôtre ! »

Or, en fait d'oraison longue, le vieux narquois
Partit tout simplement, sur un signe de croix,
Grognant : « C'est tard ! tant pis, j'ai trop soif, l'diab' m'emporte !
J'vas boire à la santé de l'âme de la morte. »

L'ILE VERTE

Des ruisseaux un déluge a fait de lourds torrents
Qui roulent, pêle-mêle, écumeux, dévorant
L'étendue, au travers des landes, des pacages,
Et changeant en lacs fous les stagnants marécages.

Mais l'eau dort plate autour d'un grand tertre escarpé,
Tout hérissé de bois. Lent, le soir est tombé.
Dans l'air mort, où s'ébauche un soupçon de tonnerre,
Rôde, vitreux, magique, un jour de luminaire.

Et, lorsqu'au plus épais d'une torpeur d'extase
Un crapaud, goutte à goutte, épand son fin solo,
C'est du rêve de voir à cette unique phrase

Surgir une île verte en des profondeurs brunes,
Entre le blanc du ciel et le jaune de l'eau,
Sous le diamanté rose et bleu de la lune!

TROIS IVROGNES

Au cabaret, un jour de grand marché forain,
Un bel ivrogne, pâle, aux longs cheveux d'artiste,
Dans le délire ardent de son esprit chagrin,
Ainsi parla, debout, d'une voix âpre et triste :

« R'bouteux, louv'tier, batteur d'étangs et de rivière,
   Menuisier,
Avec tous ces états j'réussis qu'une affaire :
   M'ennuyer !

Arrangez ça ! d'un' part, j'vois q'doutance et tromp'rie ;
   D'l'aut' côté,
J'trouv' le mensong' trop l'mêm', l'existenc' trop pourrie
   D'vérité.

Oui ! j'cherche tant l'dessous de c'que j'touche, de c'que j'rêve.
   Inqu'et d'tout,
Que j'suis noir, idéal, mélancoliq' sans trêve,
   Et partout.

Donc, quand ça m'prend trop fort, j'sors du bois, j'quitt' la berge,
   L'établi,
Et, c'est plus fort que moi, y a pas ! j'rentre à l'auberge
   Boir' l'oubli.

C'est des fameus' sorciér', allez ! les liqueurs fortes
   Cont' les r'mords,
Cont' soi-mêm', cont' les autr', cont' la poursuit' des mortes
   Et des morts !

Je m'change, à forc' de t'ter le lait rouge des treilles,
   L'horizon !
Vive la vign' pour brûler dans l'sang chaud des bouteilles
   La raison !

Étant saoul, j'os' me fier à la femm', c't'infidèle
   Qui nous ment,
R'garder la tombe avec mes yeux d'personn' mortelle,
   Tranquill'ment.

J'imagin' que la vie éternellement dure,
        Et qu'enfin,
La misèr' d'ici-bas n'connaît plus la froidure
        Ni la faim.

J'croisqu'i'n'y a plus d'méchants, plus d'avar', plus d'faussaires,
        Et j'suis sûr
Q'l'épouse est innocent', l'ami vrai, l'homm' sincère,
        L'enfant pur.

Terre et cieux qui, malgré tout c'que l'rêve en arrache,
        Rest' discrets,
M'découvr' leurs vérités, m'crèv' les yeux de c'qu'i'cachent
        De secrets.

Allons, ris ma pensée ! Esprit chant'! sois en joie
        Cœur amer !
Que l'bon oubli d'moi-mêm' mont', me berce et me noie
        Comm' la mer !

Plus d'bail avec l'ennui ! j'ai l'âm' d'sabonnée
        Du malheur,
Et, dépouillé d'mon sort, j'crache à la destinée
        Ma douleur.

T'nez ! l'paradis perdu dans la boisson j'le r'trouve :
    Donc, adieu
Mon corps d'homm'! C'est dans l'être un infini q'j'éprouve :
    Je suis Dieu ! »

Deux vieux buveurs, alors, deux anciens des hameaux
Sourient, et, goguenards, ils échangent ces mots :

« C'citoyen-là ? j'sais pas, pourtant, j'te fais l'pari
Q'c'est queq' faux campagnard, queq' échappé d'Paris.
  I'caus' savant comm' les monsieurs,
  Ça dépend ! p'têt' ben encor mieux ;
  Mais, tout ça c'est chimèr', tournures,
  Qui n'ent' pas dans nos comprenures.
I'dit c't'homm' maigr', chev'lu comme un christ de calvaire,
  Qu'à jeun i' r'gard' la vie en d'sous,
  Mais qu'i' sait les s'crets des mystères
  Et d'vient l'bon Dieu quand il est saoul...
Alors, dans c'moment-là qu'i' s'rait l'maîtr' de c'qu'i' veut,
  Q'pour lui changer l'tout s'rait qu'un jeu,
Pourquoi qu'à son idée i' r'fait donc pas la terre ?
M'sembl' qu'i' déclare aussi q'venant d'boire un bon coup
I'croit qu'y a plus d'cornards, plus d'canaill', plus d'misère.
  Moi ! j'vois pas tout ça dans mon verre.
I'dit qu'à s'enivrer i' s'quitte et qu'il oublie

C'qu'il était : c'est qu'i' boit jusqu'à s'meittre en folie.
Moi, j'sais ben qu'à chaqu'fois je r'trouv' dans la boisson
    Ma personn' dans sa mêm' façon,
    Sauf que les jamb' sont pas si libres
Et que l'ballant du corps est moins ferm' d'équilibre,
Tandis qu'à lui, son mal qu'i' croit si bien perdu
Va s'r'installer plus creux, un' fois l'calme r'venu,
Dans sa vieille env'lopp' d'âm' toujou sa même hôtesse.
C'est ses lend'mains d'boisson qui lui font tant d'tristesse. »

« J'suis d'ton avis. L'vin m'donn' plus d'langue et plus d'entrain,
Sur ma route i' m'fait dérailler un brin,
Avec ma vieill', des fois, rend ma bigead' plus tendre...
Mais dam'! quand ya d'l'abus, quoi que c't'homm' puiss' prétendre,
La machine à gaieté d'vient machine à chagrin.
Le vin, c'est comm' la f'melle : i' n'faut pas trop en prendre! »

LE VIEUX PÂTRE

« C'est par mon métier, dit le vieux pâtre aux traits rudes,
Qu'à forc' de vous cercler les oreill' et les yeux,
Dans l'song' de votre esprit rentr' et rêvent le mieux
Ces grands espac' q'ont l'air de prend' vos habitudes.

Vos chants bourdonn' comm' ceux des gross' mouch' dans l'air dou[x]
Tel que l'cœur sous l'soleil la bell' verdur' se pâme,
L'horizon comm' vot' corps d'vient la prison d'une âme,
Et les nuag' ramp' dans l'ciel comm' les pensers en vous.

L'vent d'orag' vous agit', vous bouscul' comm' les choses.
Surprend vot' limousin' comm' les feuillag' dormants :
A l'ordinair', leurs gest' s'accord' à vos mouv'ments.
Et, quand vous n'bougez pas, vous avez leurs mêm' poses.

Ces chos' qui dur' toujours ou qui meur' ben anciennes,
On voit qu'ell' chang', comm' l'homm', leur humeur, leurs façons,
Q'la Nature, ainsi q'vous, a tristess' et chansons,
Et q'les vòt' tomb' souvent ben juste avec les siennes.

Nuancés, brum', pluie et vent, la plein' lumière, l'ombre,
Compos' le sentiment des form', des teint', des bruits,
Qui s'communique au vòt'!...tell'ment! q'par un'bell'nuit,
Des fois, vous èt' plus gai que lorsqu'i n'fait pas sombre.

J'rèv' le rèv' de tout ça, j'suis en pierr' comm' la roche,
En végétal comm' l'herbe, en liquid' comme l'eau,
J'rumin' l'engourdiss'ment ou l'frisson du bouleau...
Et sauf que j'écris pas sur un agenda d'poche,

Que j'crains pas tant l'soleil, et que j'suis pas si blmée,
J'song' comm' ceux gens d'Paris, bien vêtus, aux blanch' mains,
Qui, t'nant un bout d'crayon, caus' tout seuls dans les ch'mins,
L'œil ouvert droit d'vant eux, mais qui plonge en eux-mêmes.

L'éternité s'ennuie aussi ben q'moi qui passe,
Des moments que j'suis là si triste à la sonder,
J'la surprends, elle aussi, ben triste à me r'garder :
Alors, je m'sens l'cœur vide aussi profond q'l'espace! »

LES GRANDS LINGES

Le magique soleil sur les hauteurs pensives
Fait luire et triompher tous ces grands linges blancs
Qui, chevauchant leur corde au sortir des lessives,
Y sèchent, tour à tour inertes et tremblants.

Ils apparaissent purs, ardents, frais et joyeux,
Au loin, flottant rappel des gloires printanières,
Bleutés, rosés, baignés d'azur et de lumière,
Fêtant le paysage, ébouissant les yeux.

Mais le soir, c'est l'horreur suprême! car, alors
On dirait invisible un long troupeau de morts,
Spectres rampants enfouis dans leurs grands draps funèbres.

Pendant que tout noircit, — là! restant blancs eux seuls,
Ces linges ne sont plus qu'un rideau de linceuls
Barrant l'horizon vague où montent les ténèbres.

LE SAULE

Tout à l'heure, sous les éclats
Et les souffles de la tempête,
Le saule brandillait sa tête,
Et l'étang cognait ses bords plats.

Avec de mortelles alarmes,
Par ce vent, ces rumeurs, ces feux,
L'arbre tordait ses longs cheveux
Sur l'eau qui balayait ses larmes.

Calme, à présent, l'étang reluit,
Le ciel illumine la nuit,
Et, sans qu'une brise l'effleure,

Le Narcisse des végétaux
Admire encore dans les eaux
Sa figure verte qui pleure.

L'INTERPRÈTE

L'inclinaison de ce vieux saule
Sur le vieil étang soucieux
Que pas une brise ne frôle,
A quelque chose de pieux.

Et l'on dirait que chaque feuille,
Ayant cessé son trémolo,
Pompe le mystère de l'eau
Et dévotement se recueille.

Or, soudain, y perchant son vol,
Voici qu'un petit rossignol,
Tendre interprète d'aventure,

Pour l'arbre adresse à l'Inconnu,
Dans un lamento soutenu,
La prière de la Nature !

PAYSAGE GRIS

Déjà cette prairie en commençant l'hiver
Étendait son tapis d'herbe courte et fripée,
Elle languit encor, de plus en plus râpée,
D'un gris toujours plus pâle et moins mêlé de vert.

Et pourtant, il y vient, poussant leur douce plainte,
Dressant l'oreille au vent qu'ils semblent écouter,
Quelques pauvres moutons qui tâchent de brouter
Ce regain des frimas dont leur laine a la teinte.

Mais le vivre est mauvais, le temps long, le ciel froid ;
A la file ils s'en vont, l'œil fixe et le cou droit,
Côtoyer la rivière épaisse qui clapote,

S'arrêtant, quand ils sont rappelés, tout à coup,
Par la vieille, là-bas, contre un arbre, debout,
Comme un fantôme noir dans sa grande capote.

LES GLISSOIRES

Il fait un froid noir et tout gèle :
Abreuvoir, écluse et ruisseau.
Tous les puits, à l'endroit du seau,
Ont de la glace à leur margelle.

C'est pourquoi, vite, après la classe,
Les enfants viennent, à grands cris,
Glisser sur l'étang si bien pris
Qu'ils ne craignent pas que ça casse.

En tas, casquettes sans visière,
Bérets bâillants, chapeaux tortus,
Ils arrivent, les reins battus
Par leur petite carnassière.

Et, de-ci, de-là, tout heureuse,
Chaque troupe se met au jeu,
Sillonnant à la queue leu leu
La belle surface vitreuse.

Légères, folles, bien ingambes,
Elles ont indéfiniment
Le caprice du mouvement
Ces fragiles petites jambes !

Rapidement, mainte glissoire
Qu'en chœur tant de mutins sabots
Polissent comme des rabots
Est nivelée et presque noire.

On les voit gris et bleus les mioches
Qui, d'un trait, au bas des airs blancs,
Passent, les bras tendus, ballants,
Croisés — ou les mains dans les poches.

Et, plus d'un faisant la mimique
D'accomplir un besoin pressant
Reste accroupi, tout en glissant,
Avec un naturel comique.

Quelques très petiots se hasardent,
Mais, tombés trop fort, ayant peur,
Immobiles, pleins de stupeur,
Se tiennent au bord et regardent ;

Ils sont charmants, piteux et drôles,
Ces pauvres mignons étonnés,
Grelottants, la roupie au nez,
Le cou rentré dans les épaules !

Les autres, au long des saulaies,
Filent toujours avec entrain :
Tels, devant les vitres d'un train
Courent les arbres et les haies.

Sur le bruit des voix qui remplissent
Les échos de leurs appels fous
Tranche le vacarme des clous
Mordant, raclant, autant qu'ils glissent.

De loin, vous entendez, il semble,
Tant c'est ronfleur, dur et perçant,
Plus de cent meules repassant
Qui grinceraient toutes ensemble.

— Autour, des plaines dépouillées
Montrant leurs vieux herbages gris ;
Des arbres nus, d'autres maigris :
Tête ronde et feuilles rouillées.

Mais, vifs et gais comme la flamme,
Ces garçonnets au teint vermeil
Mettent là verdure et soleil :
Tout le printemps qu'ils ont dans l'âme.

Au cœur du paysage triste,
Entre ces lointains malheureux,
Sous ce ciel de métal, — par eux
La vie un instant resubsiste.

Ils sont le bonheur d'aventure,
L'éclat de rire triomphant
Qui passe comme un coup de vent
En cette mort de la nature!

Mais il se fait tard, le jour baisse.
Les glisseurs vont, moins résolus,
Et, bientôt, on ne les voit plus
Qu'à travers une brume épaisse.

Rien qu'un dernier monôme roide
De petits fantômes en noir !
Tous à la file ! — et puis, bonsoir !
Ils se sauvent dans l'ombre froide.

Et, la nuit, aux torpeurs funèbres,
Donne un mystère inquiétant
Au face à face de l'étang
Avec la lune ou les ténèbres.

JOURNÉE DE PRINTEMPS

Ici, le rocher, l'arbre et l'eau
Font pour mon œil ce qu'il convoite.
Tout ce qui luit, tremble ou miroite,
Forme un miraculeux tableau.

Sur le murmure qui se ouate
Le rossignol file un solo :
L'écorce blanche du bouleau
Met du mystique dans l'air moite.

A la fois légère et touffue
La lumière danse à ma vue
Derrière l'écran du zéphyr;

Je m'attarde, et le soir achève
Avec de l'ombre et du soupir
La félicité de mon rêve.

LA FORÊT MAGIQUE

La forêt songe, bleue et pâle,
Dans un féerique demi-jour.
Tout s'y voit spectral, d'aspect sourd,
Par cette nuit d'ambre et d'opale.

Là, c'est un cerf blessé qui râle...
Ici, d'autres, pâmés d'amour...
La forêt songe, bleue et pâle,
Dans un féerique demi-jour.

Ailleurs, une laie et son mâle
Et leurs marcassins tout autour!...
Et, tandis qu'un frais zéphyr court,
Venant la reposer du hâle,
La forêt songe, bleue et pâle.

TRISTESSE DES BŒUFS

Voilà ce que me dit en reniflant sa prise
Le bón vieux laboureur, guêtré de toile grise.
Assis sur un des bras de sa charrue, ayant
Le visage en regard du soleil rougeoyant :

« Ces pauv' bêt' d'animaux n'comprenn' pas q'la parole.
T'nez ! j'avais deux bœufs noirs !... Pour labourer un champ ?
C'était pas d'leur causer ; non ! leur fallait du chant
Qui s'mèle au souffl' de l'air, aux cris de l'oiseau qui vole !

Alors, creusant l'sillon entr' buissons, chên's et viornes,
Vous les voyiez filer, ben lent'ment, dans ceux fonds,
Tels que deux gros lumas, l'un cont' l'aut', qui s'en vont
Ayant tiré d'leu têt' tout' la longueur des cornes.

L'sillon fini, faisant leur demi-rond d'eux-mêmes,
I's en r'commençaient un auprès, juste à l'endroit:
J'avais qu'à l'ver l'soc qui, rentré doux, r'glissait droit...
Ainsi, toujours pareil, du p'tit jour au soir blême.

C'était du bel ouvrage aussi m'suré q'leur pas,
Q'ça soit pour le froment, pour l'avoin', pour le seigle,
Tous ces sillons étaient jumeaux, droits comme un' règle,
Et l'écart entr' chacun comm' pris par un compas.

Par exempl', fallait pas, dam'! q'la chanson les quitte!
A preuv' que quand, des fois, j'la laissais pour prend' vent,
I's'arrêtaient d'un coup, r'tournaient l'mufle en bavant,
Et beurmaient tous les deux pour en d'mander la suite.

Mais, c'est pas tout encor, dans l'air de la chanson
I v'laient d'la même tristesse ayant toujou l'mêm' son,
A cell' du vent et d'l'arb' toujou ben accordée.
Mais d'la gaieté? jamais i'n'en voulur' un brin!

Ça tombait ben pour moi qui chantais mon chagrin.
Y a donc des animaux qu'ont du choix dans l'idée
Et qu'ont l'naturel trist' puisque, jamais joyeux,
Dans la couleur des bruits c'est l'noir qu'i's'aim' le mieux.

LE VAL DES RONCES

Quand on arrive au Val des Ronces
On l'inspecte, le cœur serré,
Ce gouffre épineux, bigarré
De rocs blancs qu'un torrent noir ponce.

Partout, sous ce tas qui s'engonce,
Guette un dard, toujours préparé,
Qui, triangulaire, acéré,
Si peu qu'il vous pique, s'enfonce.

S'y risquer ? le sourcil se fronce !
En sort-on, une fois entré ?
Qu'on appelle ? pas de réponse..
C'est si loin, si seul, si muré !

Puis, ce fouillis démesuré
Innombrablement vous dénonce
Ces aspics, dont du rouge fonce
Le jaunâtre et le mordoré :
On n'est pas du tout rassuré
Quand on arrive au Val des Ronces !

LE VIEUX CHALAND

Un jour que je pêchais dans sa rivière fraîche,
Assis contre un bouleau qui brandillait au vent,
Le vieux meunier Marchois par le discours suivant
    Sut me distraire de la pêche :

    « Voyez ! j'vis seul dans c'grand moulin
    Dont plus jamais l'tic tac résonne ;
    J'm'en occup' plus, n'ayant personne...
    Mais c'est l'sort : jamais je n'm'ai plaint.
    C't'existenc' déserte et si r'cluse
    Ent' la montagne et la forêt
    Plaît à mon goût q'aim' le secret,
    Puis, j'ai mon copain sur l'écluse !

    Le v'là : c'est l'grand chaland d'famille.
    A présent, ses flancs et sa quille
    Sont usés ; l'malheureux bateau,

Malgré que j'le soigne, i' prend d'l'eau,
Tout ainsi q'moi j'prends d'la faiblesse.
Ah dam'! c'est q'd'àg' nous nous suivons,
Et q'sans r'mèd' tous deux nous avons
L'mêm' vilain mal q'est la vieillesse.

Des vrais madriers q'ses traverses!
Et qui n'sont pas prêts d'êt' rompus.
C'est bâti comme on n'bâtit plus!
Trop bien assis pour que ça verse.
En a-t-i' employé du chêne
Aussi droit q'long, et pas du m'nu!
C'bateau plat q'j'ai toujou' connu
Avec sa même énorm' grand' chaîne!

Pour nous, maint'nant, le r'pos et l'songe
C'est plus guèr' que du croupiss'ment.
A séjourner là, fixement,
Lui, l'eau, moi, l'ennui, — ça nous ronge.
Mais, n'ya plus d'force absolument.
Faut s'ménager pour qu'on s'prolonge!
Si j'disais non! ça s'rait mensonge.
J'somm' trop vieux pour le navig'ment.

Sûr que non ! c'est pas comme aut'fois,
Du temps q'yavait tant d'truit' et d'perches,
« Au bateau ! » m'criaient tout' les voix...
Les pêcheurs étaient à ma r'cherche ;
A tous les instants mes gros doigts
Se r'courbaient, noués sur ma perche.

Malheur ! quel bon chaland c'était !
Vous parlez que c'lui-là flottait
Sans jamais broncher sous la charge !
Toujours ferme à tous les assauts
Des plus grands vents, des plus grand's eaux,
I' filait en long comme en large.

Et la nuit, sous la lun' qui glisse,
Quand, prom'nant mes yeux d'loup-cervier,
J'pêchais tout seul à l'épervier,
Oh ! qu'il était donc bon complice !
Comme i' manœuvrait son coul'ment,
En douceur d'huil', silencieus'ment,
Aussi mort que l'onde était lisse !

I' savait mes façons, c'que c'est !
On aurait dit qu'i' m'connaissait.
Qu'il avait une âm' dans sa masse.

A mes souhaits, tout son gros bois
Voguait comm' s'il avait pas d'poids,
Ou ben rampait comme un' limace.

Oui! dans c'temps-là, j'étions solides.
Il avait pas d'mouss' — moi, pas d'rides.
J'aimions les aventur' chacun;
Et tous deux pour le goût d'la nage
Nous étions d'si près voisinage
Q'toujours ensemble on n'faisait qu'un.

Sur l'écluse i' s'en allait crâne,
J'crois qu'on aurait pu, l'bon Dieu m'damne!
Y fair' porter toute un' maison.
En a-t-i' passé des foisons
D'bœufs, d'chevaux, d'cochons, d'ouaill' et d'ânes!

I' charriait pomm' de terr', bett'raves,
D'quoi vous en remplir toute un' cave,
Du blé, du vin, ben d'autr' encor,
Des madriers, des pierr', des cosses,
Et puis des baptêm' et des noces,
Sans compter qu'i' passait des morts.

Oh ! C'est ben pour ça qu'en moi-même
Autant je l'respecte et je l'aime
Mon pauv' vieux chaland vermoulu ;
C'est qu'un à un sur la rivière
Il a passé pour le cim'tière
Tous mes gens que je n'verrai plus.

J'ai fait promettre à la commune
A qui j'lég'rai ma petit' fortune
Q'jusqu'à temps qu'i' coule au fond d'l'eau,
On l'laiss'ra tranquill' sous c'bouleau,
Dans sa moisissure et sa rouille.
J'mourrai content pac'que l'lend'main,
Pendant un tout p'tit bout d'chemin,
C'est lui qui port'ra ma dépouille. »

LES MEULES DE FOIN

Tout le sol tondu ras des solitudes plates
Dans un indéfini recul, toujours plus loin,
S'étale montueux de ses meules de foin
Où saigne le soleil croulé qui se dilate.

Solennelle, pompeuse, avec la nuit qui poind,
D'un morne extasié, leur masse rouge éclate,
Puis, blêmissant, devient l'horizon spectre, et joint
La ligne des cieux blancs de sa cime écarlate.

Stagnant dans l'air croupi, ces meules en sommeil,
Lentement, goutte à goutte, ont tari le soleil
De ses pourpres de sang dont la dernière est bue.

Maintenant, la hideuse et moite obscurité
Comble, débosse, fond, brouille l'immensité
Qui bâille l'ombre informe où s'engloutit la vue.

FRÈRE ET SŒUR

Frère et sœur, les petiots, se tenant par la main,
Vont au rythme pressé de leurs bras qu'ils balancent ;
Des hauteurs et des fonds de grands souffles s'élancent,
Devant eux le soir lourd assombrit le chemin.

Survient l'orage ! avec tout l'espace qui gronde,
Avec le rouge éclair qui les drape de sang,
Les barbouille de flamme en les éblouissant ;
Enfin, la nuit les perd dans la forêt profonde.

    Ils ont peur des loups ! mais, bientôt,
    Ils s'endorment. Et, de là-haut,
La lune qui verdit ses nuages de marbre
Admire en les gazant ces deux êtres humains
    Sommeillant la main dans la main,
    Si petits sous les si grands arbres !

LE GRAND CERCUEIL

Il pleuvasse avec du tonnerre...
Il est déjà tard... quand on voit
Dans le bourg entrer le convoi
De la défunte octogénaire.

La clarté du jour s'est enfuie.
Tristement, la voiture à bœufs
A repris son chemin bourbeux :
Le cercueil attend sous la pluie.

Un lent tintement qui vous glace
Dégoutte morne du clocher :
Voici tout le monde marcher
Vers la grande croix de la place.

Quand il s'approche de la pierre
Pour lever le corps, le curé,
Tout en chantant, reste effaré
Par l'énormité de la bière.

Certe ! avec ses planches massives,
Espèces de forts madriers
Crevassés, noueux, mal taillés,
Qui remplaceraient des solives.

Elle apparaît si gigantesque
En épaisseur, en large, en long,
Si haute, d'un tel poids de plomb,
Qu'à la voir on en frémit presque.

Elle s'étale sans pareille,
D'autant plus démesurément
Qu'elle renferme seulement
Un mince cadavre de vieille.

L'immense couvercle en dos d'âne
A l'air aussi grand que les toits :
Le drap trop court montre son bois
Roux et jaune comme un vieux crâne.

Et tandis que d'une aigre sorte
Les enfants de chœur vont hurlant,
Le prêtre est là, se rappelant
Les dimensions de la morte.

« Qu'avait-elle ? cinq pieds, à peine !
C'était maigre et gros comme rien !
Un seul corps pour ça qui peut bien
En contenir une douzaine !

En a-t-il fallu de la paille !
Aura-t-on dû l'empaqueter
Pour l'empêcher de ballotter
Comme un grain dans une futaille !

Quel menuisier ! ça tient du songe !
Il doit sûrement celui-ci
Avoir le regard qui grossit,
Et dans sa main le mètre allonge ! »

Les porteurs pliant sous leur charge,
En nombre, comme de raison,
Semblent traîner une maison.
Le brancard est bien long et large,

Mais, il est usé! quoi qu'on dise,
Puisque, hélas! le monstre ligneux
Croule avec un bruit caverneux,
Juste en pénétrant dans l'église.

C'est un bras du brancard qui casse...
On hisse l'effrayant cercueil
Sur l'estrade — et les chants de deuil
Sont bâclés sous la voûte basse.

Puis, les cloches vont à volées...
A la montée, oh! que c'est dur
Et long! — Enfin! voici le mur
Que dépassent les mausolées.

Le chantre mêle sa voix fausse
Au bruit sourd des pas recueillis.
Debout, s'offre aux yeux ébahis
Le vieux sacristain dans la fosse.

L'ombre vient. Personne ne bouge.
L'homme surmène, haletant,
Ses deux outils où par instant
Le soleil met un reflet rouge

Brusque, le curé l'interpelle :
« Eh bien ! y sommes-nous ? » Et lui
Quitte la fosse avec ennui
En poussant sa pioche et sa pelle.

Le gouffre bâille son mystère :
Mais, le cercueil n'y glisse pas.
« Je m'en doutais ! » grogne tout bas
Le sacristain qui rentre en terre.

Il remonte. On reprend la boîte
Qu'on ajuste du mieux qu'on peut.
Mais, il s'en faut toujours un peu :
La tombe est encore trop étroite.

De nouveau, la pioche luisante
Descend l'élargir. Cette fois,
Le cercueil y coule à plein bois
En même temps qu'on l'y présente.

Au bord du trou, qui s'enténèbre.
Un vieux qui tient le goupillon
Émet cette réflexion
En guise d'oraison funèbre :

« Elle a bien mérité sa fosse !
C'est égal ! tout d'même, elle était
Trop p'tit' quand elle existait
Pour faire une morte aussi grosse ! »

Et, sous sa chape très ancienne,
Haut, solennel, — l'officiant
S'en revient en s'apitoyant
Sur sa défunte paroissienne :

« L'infortune l'a poursuivie !...
« Pauvre cadavre enguignonné !...
« Tout pour elle aura mal tourné,
« Dans la mort comme dans la vie ! »

LE SITE GLACÉ

De grêles horizons noyés d'un brouillard bleu
Et plaquant tout autour leur bordure inégale
Sur un ciel moite et bas d'où pourtant rien ne pleut,
D'un nuageux funèbre où du gris s'intercale ;

Là-bas, très loin, partout, sous les buissons givrés,
Si chenus que le vent ne pourrait plus les tondre,
Par morceaux, d'un blanc sale, aux lisières des prés,
Des neiges s'obstinant à ne pas vouloir fondre ;

Bordé d'arbrisseaux morts dont le tronc noir blêmit
Un marais sur lequel pas un jonc ne frémit
Et qui, pétrifié, vitreusement serpente :

Tel le site où, tout seul, juste à la nuit tombante,
Un grand héron pensif promène son horreur,
Fantôme de la faim comme de la maigreur.

LE VIEUX HAINEUX

Ce mort qui vient là-bas fut un propriétaire
Qui lui fit dans sa vie autant de mal qu'il put.
Donc, le voilà debout, travail interrompu,
Pour voir son ennemi qu'enfin on porte en terre.

Regardant s'avancer la bière, il rit, se moque,
Et, tous ses vieux griefs fermentés en longueur
Que son clair souvenir haineusement évoque,
Un à un, triomphants, se lèvent dans son cœur.

Mais, pendant qu'il ricane au défunt détesté,
La terre, l'eau, l'azur, les airs et la clarté,
Tout est amour, tendresse, oubli, calme! Il commence
A subir peu à peu cet entour de clémence;

Toujours plus la Nature, en son large abandon,
Lui prêche le respect du mort et le pardon.
A la miséricorde enfin son âme s'ouvre,

Et, lorsque le cercueil passe en face de lui,
Il montre en son œil terne une larme qui luit,
Et, coudant le genou, s'incline et se découvre.

UN DÉJEUNER CHAMPÊTRE

La Justice tardant à faire la levée
    Du cadavre lardé de coups,
Les gendarmes, là-bas, mangent sur leurs genoux,
    En attendant son arrivée.

L'énorme assassiné que la vermine mange
    Repose encore assez loin d'eux.
Il dort au fond du val son gisement hideux
    Entre quatre grands murs de grange.

Pourtant, de leur côté, passe claquante et lourde
    Une brise d'orage où poind
La puanteur subtile et de moins en moins sourde
    Que le corps souffle de son coin.

Puis, le miasme épaissit, substituant son goût
    A celui de leurs victuailles :
Ils mangent du cadavre exhalant coup sur coup
    Tout le poison de ses entrailles.

« Ma foi ! moi j'n'y tiens plus ! dit le grand au petit :
Qui diable aurait jamais cru qu'à pareill' distance
Ça s'rait v'nu jusque-là nous couper l'appétit ? »
L'autre répond : « Pour moi ça n'a pas d'importance !

    C'est vrai que l'vent, complic' du mort,
    Pour l'instant promène un peu fort
    Le désagrément d'son haleine,

    Mais, on s'y habitue à la fin...
    Et, ma foi, tant pis ! j'ai si faim
    Que j'mang'rai ma part et la tienne ! »

Le voiturier qui vient, un grave et vieux barbon,
    Conclut : « Ell' s'en fout la nature,
Q'ça sent' mauvais ou q'ça sent' bon !
    La terr' donn' des fleurs et r'çoit d'la pourriture. »

L'ABANDONNÉE

La belle en larmes
Pleure l'abandon de ses charmes
Dont un volage enjôleur
    A cueilli la fleur.
    Elle sanglote
Au bord de l'onde qui grelotte
Sous les peupliers tremblants,
Pendant que son regard flotte
Et se perd sous les nénufars blancs.

    « Adieu ! dit-elle,
O toi qui me fus infidèle.
Je t'offre, avant de mourir,
    Mon dernier soupir.
    Je te pardonne,
Aussi douce que la Madone,
Je te bénis par ma mort.
Le trépas que je me donne,
Pour mon cœur c'est ton amour encor.

Mon souvenir tendre
Sait toujours te voir et t'entendre
Et, par lui, rien n'est effacé
Du bonheur passé.
Nos doux libertinages
Dans les ravins, sous les feuillages,
Au long des ruisseaux tortueux,
Sont encor de claires images
Revenant aux appels de mes yeux.

Ton fruit que je porte
Dans mon ventre de bientôt morte,
C'est toi-même, tes os, ton sang,
O mon cher amant!
Traits pour traits, il me semble
Si bien sentir qu'il te ressemble !
Je ne fais donc qu'une avec toi ;
Je me dis que, fondus ensemble,
Tu mourras en même temps que moi. »

Puis, blême et hagarde,
Elle se penche, elle regarde
Le plus noir profond de l'eau
Qui sera son tombeau.
Elle se pâme

Devant le gouffre qui la réclame.
Et dit le nom, en s'y jetant.
De l'homme qu'elle aimait tant
Que, sans lui, son corps n'avait plus d'âme !

LE BON FOU

Il n'a que sa chemise écrue et sa culotte
Pour tout costume. Il porte un bonnet de coton.
Tel il rôde, faisant mouliner son bâton,
Promenant l'ébahi de son regard qui flotte.

Barbu, gras et rougeaud, il montre ses dents blanches.
Son poitrail tout velu comme celui des loups,
Les muscles de ses bras, les nœuds de ses genoux,
Et dandine sa marche au roulis de ses hanches.

Parfois, sur son chemin, inerte comme un marbre,
Il s'arrête debout, regardant ciel ou sol.
Quelque grand oiseau fauve élargissant son vol,
Un champignon verdi qui sèche au pied d'un arbre.

Sa songerie alors s'épanche en un langage
Tour à tour sifflement, chant, grognement, parler ;
Il imite, entendant telle ou telle eau couler,
Le murmure ou le bruit croulant qu'elle dégage.

Aux prés, de son bâton, il racle doux l'échine
Du bétail engourdi dont il sait les secrets,
Ou, grave, l'étendant, jette sur les guérets
Un bon sort aux moissons que son rêve imagine.

Le froid noir des ciels blancs, l'éclair des ciels de suie
Il y reste impassible autant que le rocher ;
Et, recherchant l'averse au lieu de se cacher,
Du même pas rythmique avance dans la pluie.

Il emporte son pain qu'il mange dans ses courses,
L'émiettant, çà et là, pour les petits oiseaux,
Et va boire, à genoux, parmi joncs et roseaux,
Aux masses des torrents comme au filet des sources

Toujours égal, jamais colère, jamais ivre,
Comme s'il se sentait au-dessous des humains,
Il est muet avec les gens, sur les chemins,
Rentré, ne parle pas aux siens qui le font vivre.

C'est pourquoi lui faisant sa suite coutumière,
Chaque fois, sur la place, il attend que le mort
Ait eu ses *libera* pour l'escorter encor
Juste en face du seuil, mais loin du cimetière.

Il ne répond qu'aux bruits des choses et des bêtes
Qu'il trouve à l'unisson fraternel de ses voix,
Interpelle aussi bien le silence des bois
Qu'il jette sa parole au fracas des tempêtes.

Courbé sur sa charrue, ou le pied sur sa pelle,
Le paysan le suit des yeux avec respect,
Bien qu'il soit, nuit et jour, routinier de l'aspect
De ce « membre de Dieu », comme chacun l'appelle.

Et les femmes, passant dans leur mélancolie,
Rencontrent sans effroi cet hercule enfantin,
Sachant que la nature a fait bon son instinct,
Qu'elle a virginisé sa tranquille folie.

LES TROIS TOC TOC

Toc toc ! — L'homme prêtant l'oreille,
Hache en main, guettant scélérat,
Dit : « Qu'est là ? — Moi ! » La vieille entra..
D'un coup, il abattit la vieille.

Depuis, hanté par les alarmes,
Il s'enfermait dans sa maison.
Toc toc ! — L'homme, avec un frisson,
Demanda : « Qu'est là ? » — Les gendarmes !

Un peu plus tard, à l'aube fine,
Toc toc ! — Il se tut, sachant trop
Qu'alors, c'était bien le bourreau
Qui venait pour la guillotine.

LES PIERRES

Par monts, par vaux, près des rivières,
Les frimas font à volonté
Des blocs d'ombre et d'humidité
Avec le gisement des pierres.

Sous le vert froid des houx, des lierres,
Sous la ronce maigre, — à côté
Du chardon dévioletté
Cela dort dans les fondrières,
Plein d'horreur et d'hostilité,
Donnant aux brandes familières
Une lugubre étrangeté.

Mais sitôt qu'on voit les chaumières
Refumer bleu dans la clarté,
C'est le soleil ressuscité
Qui refait couleurs et lumières,
De la vie et de la gaieté
Avec le gisement des pierres.

CROISSEZ ET MULTIPLIEZ

Ne sortant pas de faire jeûne,
Une fois, le père Lucas,
Sincère, et du fond de son âme,
Disait à ses quatre grands gars,
Tous, de l'aîné jusqu'au plus jeune,
Bien en âge de prendre femme :

« Mes enfants, faut peupler d'son espèc'! Y a pas d'trève!
Faut q'tout c'qui vit engendre ! et qu'toujours s'accroissant,
Les êtr' les uns aux autr', sans fin, se r'pass' leur sang,
Tel' qu'aux racin' des arb' la terr' coule sa sève.

Tout' femelle est un champ où l'bon mâle i' doit s'mer
La grain' d'humanité qu'est dans l'grenier d'son être :
B'sogn' douce et ben commod'! Puisq' y a besoin q' d'aimer,
Et q'sans plaisi' pour l'homm', l'enfant pourrait pas naître.

Dans c'champ-là qu'est l'plus nobl' faut fair' de beaux sillons,
Q'l'homme y mèn' la charrue au c'mand'ment d'la nature.
Avec la bell' chaleur du sang pour aiguillon
D'l'amour qui doit tout l'temps penser à sa culture !

Dans ceux chos'là, faut pas, trop à sa fantaisie,
Écouter les conseils du vice et d'la boisson.
En s'mant, i' faut toujour' songer à la moisson,
Féconder sérieusement l'épous' qu'on a choisie.

Faut êt' chaud, mais d'instinct réglé comm' ceux bêt' fauves ;
D'êt' trop paillard ou d'l'êt' pas assez... C'est un tort !
Dit' vous ben q'vous êt' vu, quand l'amour joint les corps,
Par le grand œil d'en haut dont pas un homm' se sauve.

Dieu merci ! vous n'êt' pas des poussifs à teint pâle,
Vous avez bonn' poitrine et fort tempérament,
Vous d'vez donc tous les quat' faire offic' de bons mâles,
Accomplir sans tricher vot' destin d'engross'ment.

Mangez fort ! et fait'-vous du sang, des muscl', des os !
Buvez ! mais sans jamais perd' la raison d'un' ligne ;
Pas trop d'pein' ! Ceux qui s'us' au travail sont des sots.
Réglez la sueur du corps ainsi q'le jus d'la vigne !

Comm' faut q'la femm' soit pure avec des yeux ardents,
Q'fièr' dans les bras d'l'époux qui n'cherch' qu'à la rend' mère
Ell' yoffr' l'instant d'bonheur qui fait claquer ses dents
Pour que leur vie ensemb' ne soit jamais amère.

Voyez-vous ? l'trôn' d'un' femme ? C'est l'lit d'son cher époux.
C'est là q'jeune ell' pratiq' l'amour sans badinage,
Et q'vieille ell' prend, des fois, encore un r'pos ben doux
Au long d'son vieux. après les soucis du ménage.

Là-d'sus buvons un coup ! dans ceux chos' de l'amour
J'vous souhait' de pas vous j'ter comme un goret qui s'vautr',
Et que, pour chacun d'vous. l'plus cher désir toujours :
Ça soit d'faire des enfants qui puiss' en faire d'autres ! »

ÉCONOMIE DE PAUVRE

« Ça vous surprend que j'fume, et que j'prise, et que j'chique ?
Vous vous dit' que pour moi qu'a besoin d'épargner
C'est un' trop gross' dépense et qu'ça doit me ruiner ?
Mais, j'fais du mêm' tabac trois usag' tabagiques.

Mon bout d'carotte, es' pas ? j'ai fini de l'mâcher,
    I n'a plus d'jus : je l'fais sécher.
    Alors, j'n'ai plus q'ma pipe à prendre,
    Et son fourneau lui sert d'étui.

Puis, je l'fum' tout lent'ment, et, quand il est ben cuit,
J'le fourr' dans ma queue d'rat, et j'en prise la cendre.
Ma chiq' ? C'est provision d'tabac pour mon brûl'gueule
    Et pour mon nez qu'est pas étroit.
    Ça fait donc q'la dépens' d'un' seule
    Me procur' le plaisir des trois ! »

GENDRE ET BELLE-MÈRE

I

Jean était un franc débonnaire,
Jovial d'allure et de ton,
Égayant toujours d'un fredon
Son dur travail de mercenaire.

Soucis réels, imaginaires,
Aucuns n'avaient mis leur bridon
A son cœur pur dont l'abandon
Était le besoin ordinaire.

Je le retrouve : lèvre amère !
Ayant dans ses yeux de mouton
Un regard de loup sans pardon...
Quelle angoisse ? quelle chimère ?
Quelle mauvaise fée a donc
Changé ce gars ? Sa belle mère !

II

Il n'aurait pas connu la haine
Sans la vieille au parler bénin
Qui d'un air cafard de nonnain
L'affligeait et raillait sa peine.

Il avait la bonté sereine
Et l'apitoiement féminin.
Il n'aurait pas connu la haine
Sans la vieille au parler bénin.

Aujourd'hui, la rage le mène.
Pour mordre, il a le croc canin
Et son fiel riposte au venin.
Non! sans cette araignée humaine,
Il n'aurait pas connu la haine!

III

Il devint fou. Comme un bandit,
Il vivait seul dans un repaire,
Ame et corps, gendre, époux et père.
Se croyant à jamais maudit.

Tant et si bien que, s'étant dit
Qu'il n'avait qu'une chose à faire :
Assassiner sa belle-mère
Ou se tuer ? — il se pendit !

— Au sourd roulement du tonnerre
Que toujours plus l'orage ourdit,
Son corps décomposé froidit,
Veillé par un spectre sévère :
Encor, toujours, sa belle-mère !

IV

La belle-mère se délecte
Au chevet de son gendre mort.
Et le ricanement se tord
Sur sa figure circonspecte.

Avec ses piqûres d'insecte
Elle a tué cet homme fort.
La belle-mère se délecte
Au chevet de son gendre mort.

Sitôt qu'on vient, son œil s'humecte.
Elle accuse et maudit le sort !
Mais, elle sourit dès qu'on sort...
Et, lorgnant sa victime infecte,
La belle-mère se délecte.

V

Enterré, le soir, sans attendre,
Sur sa tombe elle est à genoux
Voilà ce qu'en son tertre roux
La croix de bois blanc peut entendre

« Enfin ! J'viens donc d't'y voir descendre
Dans tes six pieds d'terr' ! t'es dans l't'rou.
C'te fois, t'es ben parti d'cheux nous,
Et tu n'as plus rin à prétendre.

Rêv' pas d'moi, fais des sommeils doux.
Jusqu'à temps q'la mort vienn' me prendre,
Alors, j's'rai ta voisin' d'en d'sous,
J'manq'rai pas d'tourmenter ta cendre...
L'plus tard possible ! au r'voir, mon gendre. »

PETIT-LOUP

Portant sur lui de grosses sommes,
Tard, le maquignon s'en revient,
Lorsque, soudain, il est attaqué par deux hommes.
D'un coup de voix stridente il appelle son chien :
« Vite à moi, Petit-Loup! » — mais rien!
Son compagnon musarde en route.
Et la lutte s'acharne, affreuse, on n'y voit goutte.
Un dernier appel rauque : — et le marchand de bœufs
Tombe et trépasse au fond du grand chemin bourbeux.
Mais, d'un train haleté que le silence écoute,
Le dogue accourt, se rue, étrangle un assassin ;
L'autre a juste le temps de grimper dans un arbre.
Et, stupéfaits d'horreur, les gens du bourg voisin
Trouvaient, le lendemain, un chien entre deux morts,
Surveillant, crocs baveux, sur un vieux chêne tors
Quelqu'un juché livide et roide comme un marbre.

L'ENJOLEUR

Loin des oreilles importunes,
Le gars mangeant avec le vieux,
D'un ton fier et malicieux
Lui conte ses bonnes fortunes,
De quelle sorte il fait sa cour,
Et ce qu'il pense de l'amour.

« Oui ! j'ai tout' les fill', mon pèr' Jacques !
N'import' laquell', quand j'la veux bien !
L'ignorant', l'instruit', cell' qui s'tient,
Comm' la dévot' qui fait ses pâques.

Q'ça soit l'cœur ou l'Diab' qui s'en mêle,
L'amour comm' la mort prend chacun.
Si deux corps d'vaient pas en fair' qu'un
Y aurait pas des mâl' et des f'melles !

Cont' le sang, s'i' veut qu'on s'unisse,
Tout' les plus bonn' raisons val' rin :
I mèn' le gars comme un taurin
Et la pucell' comme un' génisse.

Yen n'a pas un' qui n'rêv' d'un homme,
D'un qu'ell' connaît pas, mais qu'ell' sent ;
Pas un' qui n's'endorme y pensant,
Et qui n'y r'pense après son somme !

Les difficil' sont cell' qui s'parent,
Dans' entre ell', s'distraient des garçons,
Les accueill' avec des chansons,
Comme avec des rir' s'en séparent.

Oui ! mais aux sons d'la cornemuse,
J'batifole à leur volonté...
Et j'mets tant leur mine en gaieté
Que j'finis par la rend' confuse.

En fait d'pucell', viv' l'eau dormante
La courant' n'a pas l'temps d'songer,
Tandis que l'aut', sans s'défiger,
Ça n'pens' qu'au mal qui la tourmente.

L'désir amoureux s'y mijote,
Quoiqu'ell' n'en desserr' pas les dents...
On verrait d'sus c'qu'ell' pense en d'dans :
C'est pour ça q'si ben ça s'cachotte.

C'est s'lon, c'est moins ou davantage,
Mais tout' fill', son sexe la tient.
L'amour y dort : un garçon vient...
Qui l'éveille à son avantage.

C'est c'que j'fais! Ell's ont beau s'défendre,
Moi, j'ai la natur' dans mon jeu,
J'gratt' la cendre et j'découv' le feu ;
Seul'ment i' faut savoir s'y prendre.

Faut choisir son jour et son heure,
La saison, l'endroit, pas s'presser.
Ça dépend! y en a q'faut forcer!
Ces fois-là sont p'têt' les meilleures.

A la façon d'trousser sa jupe,
D'arranger ses ch'veux sous l'bonnet,
A la march', surtout, on r'connaît
L'temps qu'on mettra pour faire un' dupe.

8.

Avec les joyeus' je sais rire,
Avec les trist' je sais pleurer,
Tout en m'taisant, j'sais soupirer
Avec cell' qui n'ont rien à dire.

J'not' leur air franc ou saint'nitouche,
Leur genre de silence ou d'caquet,
L'sec ou l'mouillé d'leurs deux quinquets,
Comm' l'ouvert ou l'pincé d'leur bouche.

J'examin' cell' qui sont heureuses
D'porter, au cou, des p'tits enfants.
L'instinct d'èt' mèr' suffit souvent
Pour qu'un' fill' devienne amoureuse.

J'suis timide avec la pimbèche,
Rapide avec cell' qu'a du sang,
Et, toujours, les contrefaisant,
Ya pas d'danger q'j'évent' la mèche !

J'prends leur humeur, j'flatt' leur manie,
Ell' chang' d'avis, moi pareill'ment.
Je n'leur donn', sans jamais d'gên'ment,
Q'du plaisir dans ma compagnie.

Au fond, je m'dis et ça m'amuse :
Que j'suis pas plus menteur, vraiment!
Qu'ell's autr' qui m'voudraient pour amant
Et qui font cell'-là qui me r'fusent.

C'est mes r'gards seuls qui leur demandent
C'que j'désir' d'ell'. Ma bouch', ma main,
Seul'ment commenc' à s'mettre en ch'min.
Quand leurs yeux m'dis' qu'ell' les attendent.

Dans ma prunell' qui leur tend l'piège
R'culant d'abord ell' veul' pas s'voir,
Et puis, ell' s'y mir', sans pouvoir
S'désengluer du sortilège.

La bergèr' sag', la moins follette,
J'l'endors! qu'elle en lâch' son fuseau...
Comm' l'aspic magnétis' l'oiseau,
Comme un crapaud charme un' belette.

C'est pourquoi, la pauvress', la riche,
Tout' fille, à mon gré, m'donn' son cœur!
Ma foi! j'me fie à ma vigueur,
J'en ai ben trop pour en êtr' chiche!

D'autant plus que j'peux pas leur nuire...
Personn' sait q'moi q'j'ai leur honneur
Et j'ai la chanc', pour leur bonheur,
De libertiner sans r'produire! »

Et le bon vieux dit : « Tu caus' ben...
Quoiqu'ça peut êtr' de la vant'rie.
Moi non plus, pour la galant'rie,
A ton âg' j'étais pas lambin.
Aussi vrai q'tous deux on déjeune
Tu t'amus'ras jamais plus jeune!
Ta folie est c'que fut la mienne.
Tu brûl', mais glaçon tu d'viendras.
Crois-moi : prends-en l'plus q'tu pourras!
Ça t'pass'ra avant q'ça m'revienne! »

LE VIEUX PONT

Ce bon vieux pont, sous ses trois arches,
En a déjà bien vu de l'eau
Passer verte avec du galop
Ou du rampement dans sa marche.

Il connaît le pas, la démarche
De l'errant qui porte un ballot,
Du petit berger tout pâlot
Et du mendiant patriarche.

Au creux de ce profond pays,
Entre ces grands bois recueillis
Où l'ombre humide a son royaume,

Le jour, à peine est-il réel !...
Le soir, sous l'œil rouge du ciel,
Il devient tout à fait fantôme.

EN JUSTICE DE PAIX

Le vieux, contre la fenêtre,
Fauve, en train de ruminer,
Soudain s'entend condamner
Au profit de ses trois maîtres.

Il semble alors que son œil lent,
Ayant défalqué l'assistance,
Demande au grand Christ du mur blanc
Ce qu'il pense de la sentence.

Et quand le juge lui dit, froid :
« Qu'avez-vous à répondre ? — Moi !
— Grince le vieux, pâle, et qui tremble, —

J'n'ai rien à vous répondr' du tout
Si c'n'est qu'vous êt' quat' chiens ensemble
Pour manger un malheureux loup ! »

APRÈS LA MESSE

On venait de sortir de l'église ; ici, là,
Les hommes se groupaient, lents, les mains dans les poches ;
Entrant au cimetière, aux derniers sons des cloches,
Les femmes rabattaient leur grand capuchon plat.

Deux vieux — large chapeau, veste courte, air propret,
Rasés, cravate énorme et noueusement mise
D'où montaient les pointus d'un haut col de chemise, —
Du même pas tranquille allaient au cabaret...

Quand l'un fit d'un ton assuré :
« Il a ben prêché not' curé
A c' matin, après sa lecture. »

L'autre dit : « Quoi d'étonnant !
Avec son métier d'feignant
C'est si poussé d'nourriture ! »

LE MIRACLE

Sous la pluvieuse lumière,
Dans l'air si glacé, la chaumière,

Non loin d'un marais insalubre,
Est lamentablement lugubre.

Au-dedans, c'est tant de misère
Que d'y penser le cœur se serre !

De chaque solive minée,
Du grand trou de la cheminée

Dont le foyer large est tout vide,
Le froid tombe en un jour livide ;

Et la bise a l'entrée aisée
Par la porte et par la croisée.

Or, dans ce logis où la fièvre
Allume l'œil, verdit la lèvre,

Et fait sonner la toux qui racle,
Il va s'accomplir un miracle :

La femme est accroupie à l'angle
Du mur, près d'un vieux lit de sangle.

Stupéfaite, elle est là qui lorgne
Sa petite fenêtre borgne,

Puis, machinale, elle emmitoufle
Son nourrisson presque sans souffle.

Trois petiots ayant triste mine
Rampent comme de la vermine

Sur une mauvaise paillasse
Dans un coin d'ombre où ça brouillasse.

Et la malheureuse sanglote
Et dit d'une voix qui grelotte,

Comme se parlant dans le songe
Où la réalité la plonge :

« Au moulin je suis retournée...
On m'a refusé la fournée.

Plus de pain ! a-t-elle été courte
Malgré mes jeûnes, cette tourte !

Et plus de lait dans ma mamelle
Pour nourrir l'enfant ! tout s'en mêle. »

Elle pense, elle se consulte,
Délibère. Rien n'en résulte,

Sinon qu'elle voit plus affreuse
Sa détresse qu'elle recreuse.

A la fin, pour la mort elle opte,
Et voici le plan qu'elle adopte:

« Oui, son sort n'étant résoluble
Qu'ainsi, ce soir elle s'affuble

De sa capote berrichonne,
Complètement s'encapuchonne,

Alors, sa petite famille
Dans les bras, vers l'étang qui brille

Elle s'en va, s'avance jusque
Au bord, et puis, un plongeon brusque!...»

Mais, vite, sa raison s'adresse
Aux scrupules de sa tendresse.

« Tes enfants? c'est plus que ton âme;
Tu les aimes trop, pauvre femme!

T'ont-ils donc demandé de naître
Tes petits, pour leur ôter l'être?

Même privés de subsistance
Ils ont le droit à l'existence.

D'ailleurs, aurais-tu le courage
D'accomplir un pareil ouvrage?

Vois-tu tes douleurs et tes hontes,
Quand il faudrait rendre des comptes

Au père qu'à toutes les heures
Avec tant de regret tu pleures? »

Elle maudit l'horrible idée
Qui l'avait d'abord obsédée.

Mais la souffrance lui confisque
Son reste de force! elle risque

De se consumer tant, qu'elle aille
Trop mal, pour soigner sa marmaille.

Mendier? mais, bien loin, sous le givre,
Les enfants ne pourraient la suivre.

Et personne de connaissance
Pour les garder en son absence!

« Que faire? si pour eux je vole...
La prison! j'en deviendrais folle,

Puisqu'elle me serait ravie
Leur présence qui fait ma vie. »

Elle songe, et son corps en tremble...
« Oh! si nous mourions tous ensemble,

9.

Eux si malades, moi si frê'e,
De la bonne mort naturelle ! »

Et voilà qu'elle est exaucée
La prière de sa pensée :

Car, soudain, les trois petits pâles
Poussent à l'unisson trois râles.

Elle aussi le trépas la touche
A l'instant même où sur sa bouche

Son nourrisson expire, en sorte
Qu'elle le baise en étant morte,

Tandis que, vers eux étendues,
Ses deux maigres mains de statue,

Couleur des cierges funéraires,
Semblent bénir les petits frères.

LES DEUX BOULEAUX

L'été, ces deux bouleaux qui se font vis-à-vis,
Avec ce délicat et mystique feuillage
D'un vert si vaporeux sur un si fin branchage,
Ont l'air extasié devant les yeux ravis.

Ceints d'un lierre imitant un grand serpent inerte,
Pommés sur leurs troncs droits, tout lamés d'argent blanc,
Ils charment ce pacage où leur froufrou tremblant
Traîne le bercement de sa musique verte.

Mais, vient l'hiver qui rend par ses déluges froids
La figure du ciel, des rochers et des bois,
    Aussi lugubre que la nôtre ;

Morfondus, noirs, alors les bouleaux désolés
Sont deux grands spectres nus, hideux, échevelés,
    Pleurant l'un en face de l'autre.

LE CRI DU CŒUR

Rondement, Mathurin
Mène dans sa carriole
La Dame qui s'affole
De filer d'un tel train.

Elle crie au trépas!
Le vieux dit : « Not' maîtresse,
N'soyez point en détresse
Puisque moi j'y suis pas.

Si yavait du danger
Vous m'verriez m'affliger
Tout comm' vous, encor pire!

Pac'que, j'm'en vas vous dire :
J'tiens à vos jours, mais j'tiens
P't'êt' encor plus aux miens. »

DOMESTIQUE DE PEINTRE

« Ah! monsieur! mon métier d'domestique a changé,
Me dit le grand Charly, son béret sur l'oreille :
En yentrant, j'croyais pas trouver un' plac' pareille,
Et j'n'ai jamais encor si bien bu, ni mangé.

Mon maîtr'? C'est un homm' simpl' qui rest' dans sa nature,
Sans s'occuper d'la mode et du mond' d'aujourd'hui,
Laissant pousser bien longs ses ch'veux d'un noir qui r'luit,
Tout comm' ces comédiens qui pass' dans des voitures.

I' m'en paye à gogo des goutt' et du tabac !
I' m'donn' des vieux habits et des neufs, sans q'j'y d'mande,
Et doux, l'air comm' gêné tout' les fois qui m'commande,
I' s'inqu'èt' de ma bourse et de mon estomac.

Sûr! que j'ai jamais vu son pareil! l'diabl' me torde!
J'veux balayer sa chambre et ranger dans les coins ?
Alors, i' s'fâch' tout roug', disant : « Ç'ya pas besoin,
Q'son œil, au r'bours des autr', voit mieux clair dans l'désordre. »

Avec ça, s'rappelant tout c'qu'on y dit ou c'qu'i' voit,
Sans jamais les écrir' gardant mémoir' des notes,
Dans sa têt' qui, des fois, semble un' têt' de linotte,
Ayant réponse à tout, sachant l'car et l'pourquoi.

Yen a qui lis' un livre, à lui yen faut des masses !
Sous l'pioch'ment agacé d'son pouc' qu'i' mouill' souvent
Les tournements des pag' ça fil' comme le vent !
Puis, soudain'ment, i' sort comm' s'i' manquait d'espace.

Ah l'drôl' de maîtr' que j'ai ! tout c'qu'est à lui c'est vôtre.
Un homm' q'est franc comm' l'or et bon comme du pain !
Des fois, i' caus' tout seul quand i' marche ou qu'i' peint ;
Il est dans un endroit ? qu'i' veut êtr' dans un autre !

Je l'sais ben moi qui l'suis dans ses cours' endiablées,
I' n'voyag' que pour voir des couleurs. En errant,
I' braq' ses p'tits yeux noirs q'avont l'regard si grand
Sur chaq' roche ou taillis des côt's et des vallées.

Des fonds et des lointains, des plain's et des nuages,
Il emport' la peintur' qu'i' soutire au galop,
Tout l'jour, i' pomp' la nuanc' de la verdure et d'l'eau,
Et, la nuit, cherche encor dans l'brun des paysages.

Ça l'prend tout feu tout flamme en fac' de son ch'valet;
Puis, l'pinceau dans la main, v'là q'sa grand' chaleur gèle!
Il est si vite en bas qu'il est en haut d'l'échelle...
En tout'chose on dirait qu'i' n'sait pas c'qui lui plaît.

I' cause, i' chante, i' rit, en train d'boire et d'manger?
V'là qu'i' songe! — On s'équipe? on arriv' pour pêcher?
I' veut peindr'! vers ses toil' en tout' hâte i' m'dépêche! —
Quand j'y port' son fourbi pour travailler? On pêche!

Sauriez-vous m'dir' c'que c'est que c'l'homm' q'est gai, q'est triste,
Qui girouett' jamais l'mêm' et pass' du chaud au froid? »
— Et je lui répondis, parlant un peu pour moi :
« Ton maître, ce qu'il est, parbleu! C'est un artiste!

Me comprends-tu? — Ma foi! monsieur, ya pas d'excès.
Artist'? dam'! moi, c'mot-là j'en connais pas l'mystère!
— Comment te dire alors? Eh bien! ton maître, c'est :
Un fou que sa raison tourmente sur la terre. »

LES CLOCHETTES

Maintenant, je suis malheureux
De rencontrer ces fleurs clochettes
A bords dentelés, violettes,
Sur les talus des chemins creux.

Et pourtant ces douces fluettes
Sont encor dans leur coin frileux,
Le perchoir des papillons bleus
Qui s'en font des escarpolettes.

Mais qu'importe! La canicule
Tire à sa fin. L'été recule...
Et, pour l'oreille de mon cœur

Inquiet et pronostiqueur,
A petits tintements moroses
Ces fleurs sonnent le glas des choses.

LA BONNE CHIENNE

Les deux petits jouaient au fond du grand pacage ;
La nuit les a surpris, une nuit d'un tel noir
Qu'ils se tiennent tous deux par la main sans se voir :
L'opaque obscurité les enclôt dans sa cage.
Que faire? les brebis qui paissaient en bon nombre,
Les chèvres, les cochons, la vache, la jument,
Sont égarés ou bien muets pour le moment,
Ils ne trahissent plus leur présence dans l'ombre.
Puis, la vague rumeur des mauvaises tempêtes
    Sourdement fait gronder l'écho.
    Mais la bonne chienne Margot
    A rassemblé toutes les têtes
Du grand troupeau... si bien que, derrière les bêtes,
Chacun des deux petits lui tenant une oreille,
    Tous les trois, à pas d'escargot,
    Ils regagnent enfin, là-haut,
    Le vieux seuil où la maman veille.

SUR UNE CROIX

Dans ce pays lugubre et si loin de la foule,
    Un cimetière d'autrefois,
Bien souvent m'attirait avec sa grande croix
Dont la tête et les bras se terminaient en boule.

Or, fin d'automne, un soir que tout était plongé
    Dans une mourante lumière,
Je m'arrêtai pour voir la croix du cimetière...
    Qu'avait-elle donc de changé?

De façon peu sensible et pourtant singulière,
    Son sommet s'était allongé.
    Et, curieusement, saisi, le sang figé,
    Immobile comme une pierre,
Vers elle je tenais tendus l'œil et le cou,

    Lorsqu'un chat-huant tout à coup
    Vint à s'envoler de sa cime!
    Et, j'en eus le frisson intime :
Cette bête incarnait l'âme d'un mauvais mort
Sur le haut de la croix méditant son remord.

LE SOURD

Le braconnier ayant lu sur sa vieille ardoise
Que je lui demandais son histoire, sourit,
Et, dans son clair regard me dardant son esprit,
Ainsi parla, de voix bonhomique et narquoise :

« C'que j'vas vous dir' c'est pas au mensong' que j'l'emprunte!
J'suis sourd, mais si tell'ment que j'n'entends pas, ma foi
Partir mon coup d'fusil — ben q'pourtant j'eus aut'fois
L'oreille aussi vivant' qu'elle est maint'nant défunte.

Ça m'est v'nu, ya dans les vingt-cinq ans, d'la morsure
D'un' vipèr' qui, sans doute, avait des mauvais v'nins.
Tant pis! j'ai pas jamais consulté les méd'cins,
Bon'ment j'ai gardé l'mal q'm'avait fait la Nature.

Eh ben! ça m'est égal, j'n'en ai ni désolance,
Ni gène, et vous allez en savoir la raison :
Oui! m'semb' qui m'reste encore un peu d'entendaison,
Que j'suis pas, tant qu'on l'croit, enterré dans l'silence,

Moi qui, d'fait, n'entend rien, q'ça criaille ou q'ça beugle! —
On dit q'chez les aveugl', homm' ou femm', jeun's ou vieux,
L'astuce de l'oreill' répar' la mort des yeux...
Voyez c'que c'est! chez moi c'est au r'bours des aveugles!

Tout l'vif du sang, d'l'esprit, tout' l'âme de mes moelles,
La crèm' de ma prudence et l'finfin d'mon jug'ment,
La fleur de mon adress', d'ma rus', de mon d'vin'ment
Et d'ma patienc'? je l'ai dans l'jaun' de mes prunelles.

C'en est sorcier tell'ment q'j'ai l'œil sûr à toute heure,
Pendant l'jour comme un aigl', la nuit comme un hibou,
De loin j'peux voir rentrer un grillon dans son trou,
Et ramper sur la mouss' le filet d'eau qui pleure.

Des gens, l'air naturel et la bouch' pas pincée,
Médis' de moi? je l'sens avec mes deux quinquets,
Et, quand j'les r'garde, alors, ils sont comm' tout inqu'ets
D'mon sourir' qui leur dit que j'connais leur pensée.

10.

La soupçonn'rie, es'pas? C'est un' bonn' conseillère,
Q'l'expérienc' tôt ou tard finit par vous donner,
J'peux donc m'vanter, chaq'fois qu'ell' me fait m'retourner,
Q'mes yeux qui voient d'côté voient aussi par derrière.

Puis, j'possède un' mémoir' qui r'met tout à sa place,
Les chos' et les personn' que j'connus étant p'tit,
Où tout c'que mes organ' d'âme et d'corps ont senti
Parl' comm' dans un écho, se mir' comm' dans un' glace.

Donc, les sons q'j'aimais pas, maint'nant j'peux m'en défendre,
N'voulant plus m'en souv'nir i' sont ben trépassés,
Tandis que ma mémoir' ramène du passé,
Fait r'musiquer en moi tous ceux q'j'aimais entendre.

Je m'redis couramment dans l'âme et la cervelle
L'gazouillant des ruisseaux, l'croulant des déversoirs,
La plaint' du rossignol, du crapaud dans les soirs,
L'suret d'la cornemuse et l'nasillant d'la vielle.

I' m'suffit d'rencontrer d'la bell' jeunesse folle
Pour que l'éclat d'son rir' tintinne dans mon cœur,
J'n'ai qu'à voir s'agiter les grands arb' en langueur
Pour entend' soupirer l'halein' du vent qui vole.

nez! à présent, j'suis vieux, j'suis seul, j'n'ai plus personne,
 femme est mort', j'suis veuf... d'une façon, j'le suis pas,
isqu'à mon gré, j'écout' resaboter ses pas,
   qu'en moi sa voix, tell' qu'ell' résonnait, résonne.

nsi d'la sort', j'ai fait de ma surdité queq'chose
i dans l'fond du silenc' me permet d'trier l'bruit,
prêtant à mes moments d'bonne humeur ou d'ennui,
accommodant à moi quand j'marche ou que j'me r'pose.

joutez q'si j'ai l'œil aussi malin q'l'ajasse,
es mains font tout c'que j'veux quand un' bonn' fois j'm'y met
t que l'flair de mon nez où l'tabac rentr' jamais
our tout c'qu'a d'la senteur vaut celui du chien d'chasse.

our le ravin, la côte et l'mont j'ai l'pied d'la chèvre,
es vieux ongl' sus l'rocher mordent comme un crampon,
t que j'pêche ou que j'chass', toujours à moi l'pompon!
'guign' la truit' dans l'bouillon et dans l'fourré j'vois l'lièvre.

vec ça, l'estomac si bon que j'peux y mettre
'l'avance ou ben du r'tard, du jeûne ou d'l'excédent,
t, pour mon dur métier toujours vagabondant,
Des jamb' qui s'fatig' pas d'brûler des kilomètres.

Je r'grett' de pas entend' les bonn' parol' du monde,
Bah! l'plus souvent yen a tant d'mauvais' au travers...
Et j'm'en vas braconnant, les étés, les hivers,
Vendant gibier, poisson, à dix lieues à la ronde.

Tel je vis, rendant grâce au sort qui nous gouverne,
De m'laisser comme un r'mède à mon infirmité
L'œil toujours fin, l'souv'nir toujours ressuscité :
Pour la nuit et l'passé les deux meilleur' lanternes.

Là-d'sus, à vot' santé! Voici q'l'ombr' se fait noire,
Merci d'vot' honnêt'té. Foi d'sourd — pas comme un pot —
Quand j'vous rencontrerai, j'vous lèv'rai mon chapeau
Pour le fameux coup d'vin q'vot' bon cœur m'a fait boire! »

LE ROI DES BUVEURS

Tenez ! fit le soulard à bonnet de coton,
Allumant ses yeux ronds dans sa figure en poire,
J'ai connu plus buveur que moi. Voilà l'histoire
De celui qu'on app'lait l'maître ivrogn' du canton :

« Puisque ma femme est mort', moi j'suis, dit l'pèr' Baraille,
  Excusab' en bonn' vérité,
Si, c'te malheureus' fois, encor ben plus j'déraille
  D'la lign' de la sobriété ! »

On change la défunte ? i' va boire ! — on la veille ?
  D'temps en temps i' s'en vers' deux doigts.
L'cercueil arrive et l'trouve à sucer la bouteille :
  Pendant l'ensev'lis'ment ? i' boit !

Dans l'chemin, à l'église, et jusque dans l'cimetière,
I' tèt' sa fiol' d'eau-d'-vie ! Enfin, v'là donc q'la bière
Est ben douc'ment glissée où doit descend' chacun :
L'ivrog' gémit, et comm' le fossoyeur qui s'gausse
Lui dit : « Tant d'regrets q'ça ? fourrez-vous dans sa fosse !
Ça m'coût' pas plus d'en couvrir deux q'd'en couvrir un ! »
Lui, répond, grimacier, larmochant rigolo :
« Non ! après tout, j'veux viv' pour la pleurer... j'préfère !
Et j'vous jur' que mes larm' ça s'ra ben la seule eau
    Que j'mettrai jamais dans mon verre ! »

LE MAQUIGNON

Ballonné de partout, englouti par la graisse
Se façonnant en plis, fanons et bourrelets,
Il portait gai, pesant ses trois cents bien complets,
Le vineux monument de sa personne épaisse.

Court, nez plat, petit œil encor rapetissé,
Lobe d'oreille monstre, un teint violacé,
Et, bossuant sa blouse, un vrai poinçon pour ventre :
Tel était ce Merlot, maquignon, ancien chantre.

C'est lui qui me disait : « P't'êt' à part les verrats,
Si boudinés mastoc qu'on n'leur voit pas la tête,
Sans m'êt' mis à l'engrais, c'est toujours moi l'plus gras
    Comm' le mieux arrondi d'mes bêtes !

Mais, c'est trop d'lard tout d'mêm'! Ça m'en rend estropié :
Mes bras r'tirés, plus d'cou, ma pans' cachant mes pieds,
C'est plus un homm' que j'suis! je m'figure être une boule!
    Et que je n'march' plus, mais que j'roule!

    Bah! j'suis l'plus fin dans ma gross' taille.
    Avec moi les malins fil' doux.
    L'maigre est mis d'dans par le saindoux,
    Comm' le baril par la futaille. »

LE DISTRAIT

Le bon père Sylvain, ayant bu sa chopine,
    Des bras et du bonnet opine
    Pour le patron du cabaret
Qui vient de l'appeler en riant : « Vieux distrait ! »
    « C'est ben vrai ! Je l'dis sans mystère,
    Si j'suis l'plus fin buveur de vin
    J'suis aussi l'plus distrait d'la terre,
Fait, goguenardement, le vieux père Sylvain.
    En vill', cheux nous, où que j'me mouve,
    Quoi que j'dise ou que j'fasse', ya pas !
    Mêm' dans les affair' du trépas,
    J'suis toujours distrait, et j'le prouve :
    Il faut dir' que c'jour-là, ma foi !
    Les gens fur' coupab' autant q'moi.
L'nouveau-né d'ma voisine étant donc mort-défunt,
    J'fus à l'enterr'ment comm' chacun.
Asseyez-vous ! qu'on m'dit, pèr' Sylvain ! J'prends une chaise,
    J'étais pas mal, sans être à l'aise...

C'était par un ch'ti temps d'décembre
Qui brouillait l'jour gris dans la chambre ;
Les uns étaient en réflexion,
D'aut' pleuraient, sans faire attention.
V'là q'celui qui port' les p'tits morts
Arrive et dit : « Où donc q'ya l'corps ? »
On cherch' partout, à gauche, à droite,
Tant qu'enfin l'pèr', v'nant à trouver,
M'fait signe en colèr' de m'lever :
J'm'étais ben assis d'sus la boîte ! »

COUCHER DE SOLEIL

Le soleil sur les monts s'écroule,
S'empourpre, et, graduellement,
Rétrécit son rayonnement,
Toujours plus se ramasse en boule.

Sa grande âme presque exhalée,
De ses derniers soupirs de feu
Rougit la côte et le milieu
De la solitaire vallée.

Et quand il s'éteint, descendu
Sur un roc lierreux et fendu,
Taché de noir comme les marbres,

Il figure, brûlant les yeux,
Un saint sacrement monstrueux
Qui saigne parmi des troncs d'arbres.

VAPEURS DE MARES

Le soir, la solitude et la neige s'entendent
Pour faire un paysage affreux de cet endroit
Blêmissant au milieu dans un demi-jour froid
Tandis que ses lointains d'obscurité se tendent.

Çà et là, des étangs dont les glaces se fendent
Avec un mauvais bruit qui suscite l'effroi ;
Là-bas, dans une terre où le vague s'accroît,
Des corbeaux qui s'en vont et d'autres qui s'attendent.

Voici qu'une vapeur voilée
Sort d'une mare dégelée
Puis d'une autre et d'une autre encor :

Lugubre hommage en quelque sorte
Qui, lentement, vers le ciel mort
Monte de la campagne morte.

ASCENSION

A mesure que l'on s'élève
Au-dessus des mornes terrains,
On sent le poids de ses chagrins
Se désalourdir comme en rêve.

Pour l'âme, alors, libre existence !...
Car, subtilisée à l'air pur,
Son enveloppe vers l'azur
Semble évaporer sa substance.

On monte encor, toujours ! Enfin,
On n'est plus qu'un souffle divin
Flottant sur l'immense campagne :

Et, dans le plein ciel qui sourit,
Le blanc sommet de la montagne
Devient le trône de l'esprit.

A L'AUBE

Brûlé par l'énorme lumière
Irradiant du ciel caillé,
— Stupéfait, recroquevillé,
Hâlé, sali par la poussière,

Le pauvre paysage mort
Se ranime à l'heure nocturne,
Et puis, murmurant taciturne,
Extasié, rêve et s'endort.

La bonne ombre le rafraîchit ;
Et toute propre resurgit
Sa mélancolique peinture.

Avec l'aurore se levant,
La rosée, au souffle du vent,
Pleure pour laver la nature.

PENDANT LA PLUIE

Après une chaleur si dure
Tout se rafraîchit pour l'instant.
La pluie est absorbée autant
Par le roc que par la verdure.

Terrains noirs, sillons bruns et roux,
Prés et bois, les pentes, les trous,
Toute la campagne qui songe
S'en imbibe, la boit, l'éponge.

Les pauvres herbes altérées,
Les mousses du val, du coteau,
La pompent goulûment cette eau,
Qui les rendra plus colorées !

Le limon fait comme le sable
Restant sec sous son brillanté,
Il aspire l'humidité...
Et l'ornière est inremplissable.

En haut de ce chêne une pie
Savoure son humectement
Avec un tel ravissement
Qu'elle en paraît tout ébaubie.

La bergère a quitté son arbre
Pour avoir le corps plus mouillé;
Là-bas un vieux, stupéfié,
Dans l'immobilité d'un marbre,

Ruisselle comme les feuillages;
Moi, de mon coin pierreux, j'observe les nuages,
Au tintement de l'eau sur le gravier qui luit;

Et je me surprends à sourire :
Ce gazouillis claquant me rappelant le bruit
Que fait l'huile fumante en une poêle à frire.

LE SOLEIL SUR LES PIERRES

Sur les rocs, comme au ciel, le monarque du feu
    Se donne, ici, libre carrière.
   L'œil cuit, caché sous la paupière,
Aux fulgurants reflets du grisâtre et du bleu.

Fourmillements d'éclairs de miroirs, de rapières
    Et de diamants... il en pleut !
L'astre brûle : sa roue épand sa chaleur fière,
    Autant du tour que du moyeu.

Ni nuage, ni vent, ni brume, ni poussière !
    Il s'étale, entre comme il veut,
Doublé, répercuté partout, et rien ne peut
    Faire un écran à sa lumière.

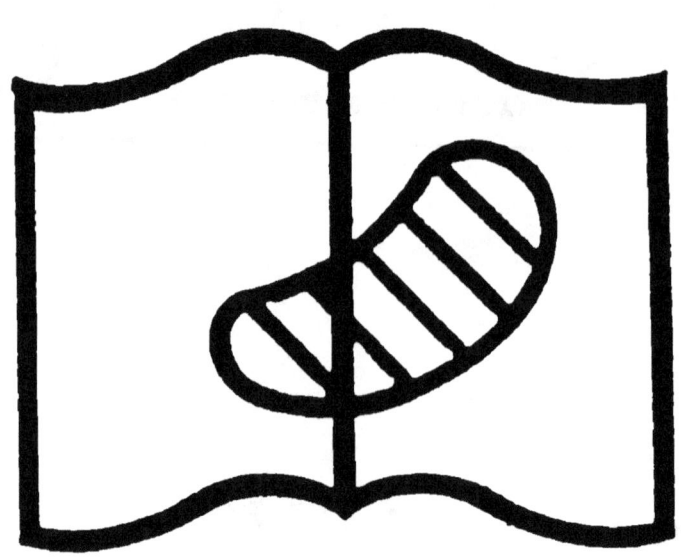

ILLISIBILITE PARTIELLE

NF Z 43-120

Pas l'ombre d'un lézard ou d'un serpent, si peu
    Que ce soit! d'aucune manière!
Pas une libellule au repos comme au jeu!
    Rien, pas même une fourmilière!

Pas un spectre d'ajonc, pas un fil de bruyère!
    Le nu des braises, c'est ce lieu
Où la Mort à foison réalise son vœu
    De solitude bien entière.

Là, sans même un torrent qui gronde à son milieu,
Triomphe inertement l'éternelle matière.
Désert, vide, silence et splendeur : l'astre-dieu
Mire son infini dans l'enfer de la pierre.

LA CENDRE

De la sorte — parlant par la voix du Curé —
  La cendre de l'âtre interpelle
La chambrière antique à l'air dur et madré
  Qui vient la prendre avec sa pelle :

« Épargne-moi donc, bonne vieille !
Ne va pas encore me noyer,
Laisse-moi dans ce grand foyer
Où si doucement je sommeille.

Tu ne verras pas rougeoyer
Toujours la lumière vermeille.
En terre obscure, à poudroyer,
Un jour, tu seras ma pareille.

Voici que ton âge succombe ;
Nous allons être sœurs ainsi :
Moi, je serai poussière ici,
Et toi, poussière dans la tombe. »

La vieille qui croit plus encor
A l'existence qu'à la mort,
Lui répond, tremblante et poussive :

« Poussière et cend'? tant q'tu voudras
Quand je n'blanchirai plus mes draps...
En attendant, fais ma lessive ! »

LE SOLITAIRE

Le vieux qui, vert encore, approchait des cent ans,
    Me dit : « Málgré l'soin d'mes enfants
    Et les bontés d'mon voisinage,
J'suis seul, ayant perdu tous ceux qui s'raient d'mon âge.

Vous ? vot' génération ? Ça s'balanc'! mais d'la mienne
    Ya plus q'moi qui rest' dans l'pays.
Ceux que j'croyais qui f'raient des anciens m'ont trahi:
    I' sont morts tout jeun' à la peine.

Chaq' maison qui n'boug' pas, ell'! sous l'temps qui s'écoule,
M'rappelle un q'j'ai connu, laboureur ou berger,
A qui j'parl' sans répons', que je r'gard' sans l'toucher;
Au cim'tièr', j'les vois tous à la fois, comme un' foule!

C'est pourquoi, quand j'y fais mon p'tit tour solitaire,
    Souvent, j'pense, où que j'pos' le pied,
    Q'les morts sont là, tous à m'épier...

    Et j'm'imagine, des instants,
  Qu'i m'tir' par les jamb'! mécontents
Que j'les ai pas encor rejoindus sous la terre. »

LA PLAINE

Cette plaine sans un chemin
Figure au fond de la vallée
La solitude immaculée
Vierge de tout passage humain.

Presque nue, elle a du mystère,
Une étrangeté qui provient
De ses teintes d'aspect ancien
Et de son grand silence austère.

Une brise lourde, parfois,
Y laissant sa longue traînée,
Elle exhale l'odeur fanée
Des vieux vergers et des vieux bois.

L'effilé, le cataleptique
De ses arbrisseaux, les vapeurs
De son marécage en torpeur
Lui donnent comme un air mystique.

Dans le jour si pur qui trépasse,
Entre ses horizons pieux,
Elle est pour le cœur et les yeux
Un sanctuaire de l'espace.

Sous ces rameaux dormants et grêles
On rêve d'évocations,
De saintes apparitions,
De rencontres surnaturelles.

C'est pourquoi, deux légers oiseaux
S'étant à l'improviste envolé des roseaux
Et s'élevant tout droit vers la voûte éthérée,

A mesure que leur point noir
Monte, se perd, s'efface... on s'imagine voir
Deux âmes regagnant leur demeure sacrée.

LA RÉPROUVÉE

Quelle était donc, ainsi, tout de noir recouverte,
Cette femme, là-bas, d'un si lugubre effet,
En me croisant, m'ayant laissé voir qu'elle avait
Le crâne dans du linge et la figure verte?...

Mais, verte! de ce vert végétal, cru, blanc jaune,
Comme un gros masque d'herbe et de feuilles de chou!
Elle avait passé là, d'un pied de caoutchouc,
Sans bruit, avec un air de chercheuse d'aumône.

Je la suivais des yeux, je la suivis des pas ;
Et, quand je fus près d'elle, en tremblant, presque bas,
Dans le son de ma voix mettant toute mon âme :
« Mais qui donc êtes-vous, lui dis-je, pauvre femme?»

Alors, parlant de dos, elle me répondit :
« C'que j'suis? Vous l'savez pas? eh ben! j'suis l'êtr' maudit!
    Oh! l'plus misérable et l'plus triste
    Comm' le plus inr'gardab' q'existe!
N'ayant rien qu'à s'montrer pour fair' le désert;
J'suis la femm' dont, au moins depuis vingt ans, l'cancer
A mangé p'tit à p'tit la fac', comme un' lent' bête;
Celle qui traîne après ell' du dégoût et d'l'effroi,
A qui, s'renfermant vit', les gens de son endroit
    Donn' du pain en r'tournant la tête! »

TEMPÊTE OBSCURE

L'orage, après de longs repos,
Ce soir-là, par ses deux suppôts,

La nuée et le vent qui claque,
Se présageait pour l'onde opaque.

Grondante sous le ciel muet,
Par quintes, la mer se ruait ;

Puis, elle se tut, la perfide,
Reprit son niveau brun livide.

Malheur aux coquilles de noix
Alors sur l'élément sournois

D'un plat, d'un silence de planche,
Risquant leur petite aile blanche!

Car, on le sent à l'angoissé,
Au guettant de l'air oppressé,

La paix du gouffre qui se fige
Couve la trame du vertige ;

Si calme en dessus, ses dessous
Cherchent, ramassent leurs courroux.

En effet, soudain l'eau tranquille
Bomba sa face d'encre et d'huile,

Perdit son taciturne intact,
Prit un clapotement compact.

Et voilà qu'à rumeurs funèbres
La tempête emplit les ténèbres.

Mais, pas un éclair zigzaguant :
Rien que l'obscur de l'ouragan !

Ballottée en ce ciel de bistre
La lune folle, errant sinistre,

Comme une morte promenant
Sa lanterne de revenant,

A hideuses lueurs moroses
Éclairait ce drame des choses.

Souffle monstre, outrant sa fureur,
Le vent démesurait l'horreur

Des montagnes d'eau dont les cimes
Pivotaient, croulant en abimes

Qui, l'un par l'autre chevauchés,
Distordus, engloutis, crachés,

Redressaient leurs masses béantes
En Himalayas tournoyantes,

Spectrales des froids rayons verts
Se multipliant au travers.

Et, toujours, la houle élastique
Réopérait plus frénétique

La métamorphose des flots
Dans des tonnerres de sanglots.

Vint alors tant d'obscurité
Que ce fracas précipité

N'était plus que la plainte immense,
La clameur du vide en démence.

Puis, l'astre blêmissant, terni,
Sombra dans le noir infini

Où son vert-de-gris jaune-soufre
Se convulsait avec le gouffre.

Les vagues par leurs bonds si hauts
Brassaient le ciel dans le chaos ;

Tout tourbillonnait : l'eau, la brume,
La voûte, les airs et l'écume,

Tout : fond, sommet, milieu, côtés
Dans le pêle-mêle emportés !

Tellement que la mer, les nues,
Étaient par degrés devenues

Un même et confus océan
Roulant tout seul dans le Néant.

Et, pour l'œil comme pour l'oreille,
Existait l'affreuse merveille,

L'âme vivait l'illusion
De cette énorme vision,

Tout l'être croyait au mensonge
Du terrible tableau mouvant

Qu'avec l'eau, la lune, et le vent,
La Nuit composait pour le Songe.

MAGIE DE LA NATURE

Béant, je regardais du seuil d'une chaumière
De grands sites muets, mobiles et changeants,
Qui, sous de frais glacis d'ambre, d'or et d'argent,
Vivaient un infini d'espace et de lumière.

C'étaient des fleuves blancs, des montagnes mystiques,
Des rocs pâmés de gloire et de solennité,
Des chaos engendrant de leur obscurité
Des éblouissements de forêts élastiques.

Je contemplais, noyé d'extase, oubliant tout,
Lorsqu'ainsi qu'une rose énorme, tout à coup,
La Lune, y surgissant, fleurit ces paysages.

Un tel charme à ce point m'avait donc captivé
Que j'avais bu des yeux, comme un aspect rêvé,
La simple vision du ciel et des nuages!

LE LUTIN

Par un soir d'hiver triste et bien de circonstance,
Un homme encor tout jeune et tout blanc de cheveux,
En ces termes, devant le plus claquant des feux,
Raconta le Lutin nié par l'assistance :

— C'est pas à vous autr', c'est certain !
Fit-il, parlant d'une manière
A la fois nette et singulière —
Qu'apparaîtra jamais l'Lutin !

Pour ça, chez eux, par monts, par vaux,
Partageant leur travail, leur trêve,
Témoin d'leur sommeil et d'leur rêve.
Faut tout l'temps vivre avec les ch'vaux !

C'malin cavalier des Enfers
R'cherche l'ravineux d'un' prairie,
L'retiré d'un' vieille écurie,
Un' nuit lourde avec des éclairs.

Moi, si j'ai pu l'voir de mon coin
Comme j'vous vois d'vant c'te ch'minée,
C'est qu' tout' les nuits, plus d'une année,
Près d'mes bèt' j'ai couché dans l'foin.

Voici, soupira l'étranger,
Articulant presque à voix basse,
C'que dans une écurie y s'passe
Quand c'démon-là vient s'y loger.

C'est la plein' nuit ! L'ciel orageux,
Qui brouille encor sa mauvais' lune,
N'jette aux carreaux qu'un' lumièr' brune
Comm' cell' des fonds marécageux.

Vous èt's là tout seul contr' vos ch'vaux
Qui dress' en fac' de la mangeoire
Leur grand' form' rougeâtr', blanche et noire,
L'jarret coudé sur leurs sabots.

Des fois, des tap'ments d'pieds mordant
L'pavé sec du bout d'leur ferraille,
L'broiement du foin, d'l'herbe ou d'la paille
Sous la meule égale des dents.

Mais, c'est si pareill'ment pareil,
Si toujours tout l'temps la mêm' chose
Qu'au lieu d'vous fatiguer ça r'pose,
Ça berc' l'ennui, l'songe et l'sommeil.

A part ça, tout s'tait dans la nuit...
L'vrai silence des araignées
Qui, bien qu'toujours emb'esognées,
Trouv' moyen d'travailler sans bruit.

Là donc, au-d'sus — autour de vous,
Vous r'gardez leurs longu' toil' qui pendent...
A pein' si vos oreill' entendent
L'tonnerre au loin, grondant très doux.

Subit'ment, sans qu'ça s'soit trahi
Par quéqu' chos' qui craque ou qui sonne
Entr' le Lutin!... un' p'tit' personne,
Qui pousse un rir' bref... Hi-hi-hi!

Rien n's'ouvre au moment qu'i' paraît :
F'nêtr', port', plafond, rien n'se déferme,
Comm' si l'vent qu'en apport'rait l'germe
L'engendrait là d'un coup d'secret.

Mais, sitôt entré, qu'ça descend
Dans l'écurie une vapeur rouge,
Où peureus'ment les chos' qui bougent
Ont l'air de trembler dans du sang.

C'est tout nabot — v'lu comme un chien
Et d'une paraissanc' pas obscure,
Puisqu'on n'perd rien d'sa p'tit' figure
Qu'est censément fac' de chrétien.

Toujours, avec son rir' de vieux,
Il rôde avant de s'mettre à l'œuvre,
Dressant deux cornes en couleuvre
Qui r'luis' aux flamm' de ses p'tits yeux.

Brusque, en l'air vous l'voyez marcher...
Sans aile il y vol' comme un' chouette...
S'tient sus l'vide après chaqu' pirouette
Comm' s'i' r'tombait sur un plancher.

Et le Lutin fait ses sabbats,
Faut qu'i' r'gard' tout, qu'i' sent', qu'i' touche,
Court les murs avec ses pieds d'mouche,
Glisse au plafond la tête en bas.

Maint'nant, au travail ! Comme un fou
Vers les ch'vaux le voilà qui file,
A tous leur nouant à la file
Les poils de la tête et du cou.

Dans ces crins tordus et vrillés
Va comme un éclair sa main grêle,
Dans chaqu' crinière qu'il emmêle
Il se façonn' des étriers.

Puis, tel que ceux du genre humain,
L'une après l'autre, i' mont' chaqu' bête,
A ch'val sur l'cou — tout près d'la tête,
En t'nant un' oreill' de chaqu' main.

Alors, i's'fait un' grand' clarté .
Au milieu de c'te lumiè'' trouble...
L'mauvais rir' du Lutin redouble,
Et ça rit de tous les côtés.

Son rir' parle — on l'entend glapir :
« Hop ! hop ! » Les ch'vaux galop' sur place,
Mais roid' comm' s'ils étaient en glace
Et sans autr' bruit qu'un grand soupir.

Et tandis qu'une à une, alors,
Leurs gross' larm' lourdement s'égrènent...
On voit — les sueurs vous en prennent —
Danser ces ch'vaux qui paraiss'nt morts.

Puis, comm' c'était v'nu ça s'en va.
L'écurie en mêm' temps s'rassure :
Tout' la ch'valin' remâche en m'sure
Et r'cogn' du pied sur l'caillou plat.

La s'cond' fois vous n'êt's que tremblant...
Mais la premièr', quell' rude épreuve !...
Moi, ça m'en a vieilli... La preuve ?...
Ma voix basse et mes ch'veux tout blancs !

Ce récit bonhomique et simple en sa féerie
Ne laissa pourtant pas que de jeter un froid :
Tous, avec un frisson, gagnèrent leur chez soi...
Nul ne fit, ce soir-là, sa ronde à l'écurie !

LA ROUE DE MOULIN

Les nuages traînant leurs blocs
Autour du soleil qui les troue,
On voit reflamboyer la roue
Du moulin bâti dans les rocs.

Et la chose monstre qui tourne
Noire, en son clair rutilement,
Bat des mousses de diamant
Dans la ruelle où l'eau s'enfourne.

Puis, à mesure qu'il s'éteint,
Des tons de l'astre elle se teint.
Un rosâtre glacis carmine son ébène.

Voici que, grandie à présent,
Rouge, elle tourne dans du sang,
Ayant l'air de brasser une hécatombe humaine!

LE PÈRE PIERRE

Fantastiques d'aspect sous leur noire capote,
Mais, très humaines par leurs caqs superflus,
Les commères, barrant la route aux verts talus,
A la messe s'en vont d'un gros pas qui sabote.

« Tiens! v'là l'pèr' Pierr'! fait l'une, un malin, celui-là!
Pour accrocher l'poisson quand personn' peut en prendre;
I'dit q'quand il a faim, d'fumer q'ça l'fait attendre,
Et qu'un' bonn' pip' souvent vaut mieux qu'un mauvais plat. »

L'homme les joint bientôt. En chœur elles s'écrient :
   « Il faut croire, à vous voir marcher
   En tournant l'dos à not' clocher,
Q'v'allez pas à la messe! » et puis, dame! elles rient...

« Moi? si fait! leur répond simplement le vieux Pierre,
Mais, *tout par la nature!* étant ma seul' devise,
    J'vas à la mess' de la rivière
    Du bon soleil et d'la fraîcheur,
    Avec le ravin pour église,
    Et pour curé l'martin-pêcheur. »

EXTASE DU SOIR

Droits et longs, par les prés, de beaux fils de la Vierge
Horizontalement tremblent aux arbrisseaux.
La lumière et le vent vernissent les ruisseaux.
Et du sol, çà et là, la violette émerge.

Comme le ciel sans tache, incendiant d'azur
Les grands lointains des bois et des hauteurs farouches.
La rivière, au frisson de ses petites mouches,
A dormi, tout le jour, son miroitement pur.

Dans l'espace, à présent voilé sans être sombre,
Des morceaux lumineux joignent des places d'ombre,
Du ciel frais tombe un soir bleuâtre, extasiant.

Et, tandis que, pâmé, le peuplier s'allonge,
Le soleil bas, dans l'eau, fait un trou flamboyant
Où le regard brûlé s'abîme avec le songe.

LES INFINIS

Vertigineux géant du désert qu'il écrase,
La tête dans l'azur et le pied dans la mer,
Le mont découpe, ardent, sous le dôme de l'air,
Son farouche horizon de chaos en extase.

Le vide où, par instants, des vents de feu circulent.
Tend son gouffre comblé par son rutilement ;
L'onde et la nue, ayant même bleuissement,
Face à face vibrants, s'éblouissent et brûlent.

Là, ce que la Nature a de plus éternel :
L'Espace, l'Océan, la Montagne, le Ciel,
Souffre pompeusement la lumière embrasée ;

Puis, la Nuit vient, gazant sous ses voiles bénis
La Lune, spectre errant de ces quatre infinis
Qui boivent les soupirs de son âme glacée.

NOSTALGIE DE SOLEIL

Quel poète évoquera le rose des bruyères,
Le lézard des vieux murs, la mouche des étangs,
Et le petit rayon qui vient, tout le beau temps,
Rire au carreau crasseux de la vieille chaumière ?

Les végétaux chambrés, le fleuri, la verdure
De ces jardins vitrés plus chauds que des maisons
Et tout le trompe-l'œil des tapis, des tentures
Voulant singer les rocs, les arbres, les gazons,
Accusent mieux, l'hiver, leur piteuse imposture
Alors que l'on regrette avec tant de douleur
Le soleil qui faisait éclater la couleur,
Flamber le verdoiment dans toute la nature !

Hélas ! bien avant l'heure où l'astre-roi, l'été,
De sa pourpre de sang rend les plaines rougies,
Dès l'automne déjà s'impose la clarté
    Des mélancoliques bougies.

Tout seul, à leur lueur si blême,
　　　On a l'air de veiller un mort.
　　　Sans compter que, parfois encor,
　　　On dirait presque — horreur suprême! —
　　　Que ce défunt-là c'est soi-même.

Chaque retour d'hiver cause un frisson nouveau
　　　Avec ce jour de crépuscule,
　　　Ce sol humide de caveau
　　　Où nul insecte ne circule
Et qui paraît sous l'ombre abaisser son niveau.
　　　Au dur tic tac de la pendule
Le corps moisit, se caille ainsi que le cerveau.
Nos jours plus obscurcis devant le bois qui brûle
Dévident l'incertain de leur maigre écheveau.

Mais que le froid sèche ou s'endorme,
Et que le ciel s'allume, alors! tout se transforme
En notre âme, ce sphinx inquiet, noir problème,
　　　Louche énigme pour elle-même
　　　Dans sa prison d'humanité!
Pour cette renfermée, au ténébreux martyre,
　　　Le Soleil, c'est le bon sourire,
　　　C'est l'œil compatissant de la Fatalité!

LA FILLE AMOUREUSE

La belle fille blanche et rousse,
De la sorte, au long du buisson,
Entretient la mère Lison
A voix mélancolique et douce :

« Moi cont' laquell' sont à médire
Les fill' encor ben plus q'les gars,
J'tiens à vous esposer mon cas,
Et c'est sans hont' que j'vas vous l'dire,

Pac'que vous avez l'humeur ronde,
Et, q'rapportant sans v'nin ni fiel
Tout' les affair' au naturel,
Vous les jugez au r'bours du monde.

Tout' petit', j'étais amoureuse,
J'étais déjà foll' d'embrasser...
Et, mes seize ans v'naient d'commencer,
Que j'm'ai senti d'êtr' langoureuse.

Autant q'l'âm' j'avais l'corps en peine :
Cachant mes larm' à ceux d'chez nous,
Aux champs assise, ou sur mes g'noux,
Des fois, j'pleurais comme un' fontaine.

Les airs de vielle et d'cornemuse
M'étaient d'la musique à chagrin,
Et d'mener un' vache au taurin
Ça m'rendait songeuse et confuse.

J'avais d'la r'ligion, ma mèr' Lise,
Eh ben! mon cœur qui s'ennuyait
Jamais alors n'fut plus inqu'et
Qu'ent' les cierg' et l'encens d'l'église.

Ça m'tentait dans mes veill', mes sommes,
Et quoi q'c'était? J'en savais rien.
J'm'en sauvais comm' d'un mauvais chien
Quand j'trouvais en c'h'min quèq' jeune homme,

En mèm' temps, m'venaient des tendresses
Qui m'mouillaient tout' l'âme comm' de l'eau,
Tell' que trembl' les feuill' du bouleau
J'frémissais sous des vents d'caresses.

Un jour, au bout d'un grand pacage,
J'gardais mon troupeau dans des creux,
En des endroits trist' et peureux,
A la lisièr' d'un bois bocage ;

Or, c'était ça par un temps drôle,
Si mort q'yavait pas d'papillons,
Passa l'long d'moi, tout à g'nillons,
Un grand gars, l'bissac sur l'épaule.

Sûr ! il était pas d'not' vallée,
Dans l'pays j'l'avais jamais vu.
Pourtant, dès que j'le vis, ça fut
Comm' si j'étais ensorcelée !

Tout' moi, mes quat' membr', lèvr', poitrine,
J'devins folle ! et j'trahis alors
C'désir trouble et caché d'mon corps
Dont l'rong'ment m'rendait si chagrine.

J'laissai là mes moutons, mes chèvres,
Et j'suivis c't'homme en le r'poussant,
Livrée à lui par tout mon sang,
Qui m'brûlait comme un' mauvais' fièvre.

Et, lorsque j'm'en r'vins au soir pâle,
D'mon tourment j'savais la raison,
Et q'fallait pour ma guérison
Fair' la f'melle et pratiquer l'mâle.

D'puis c'moment-là, je r'semble un' louve
Qui dans l'nombr' des loups f'rait son choix ;
Sans plus d'genr' que la bêt' des bois,
Quand ça m'prend, faut q'mes flancs s'émouvent !

Ivre, à tout' ces bouch' d'aventure
J'bois des baisers chauds comm' du vin ;
Ma peau s'régal', mon ventre a faim
De c'tressail'ment q'est sa pâture.

Avec l'homm' j'ai pas d'coquett'rie,
Et quand il m'a prise et qu'on s'tient,
Je m'sers de lui comm' d'un moyen,
Je n'pens' qu'à moi dans ma furie.

Ceux q'enjôl' les volag', les niaises,
Qui s'prenn' à l'Amour sans l'aimer,
Ont ben essayé de m'charmer :
Ils perd' leur temps lorsque j'm'apaise.

Ça fait q'jamais je n'm'abandonne
Pour l'intérêt ou l'amitié,
Ni par orgueil ni par pitié,
C'est pour me calmer que j'me donne !

M'marier ? Non ! j'enrag'rais ma vie !
Tromper mon mari ? l'épuiser ?
Ou que j'me priv' pour pas l'user ?
Faut d'l'amour neuf à mon envie !

L'feu d'la passion q'mon corps endure
Met autant mon âme en langueur,
Et c'qui fait les frissons d'mon cœur,
C'est ceux qui m' pass' dans la nature.

Avec le sentiment qui m'glace
Mon désir n'a pas d'unisson,
Et j'peux pas connaît' un garçon
Sans y d'mander qu'on s'entrelace.

Tous me jett' la pierre et m'réprouvent,
Dis' que j'fais des commerc' maudits,
Pourtant, je m'crois dans l'Paradis
Quand l'plaisir me cherche et qui m'trouve !

J'suis franch' de chair comm' de pensée,
J'livr' ma conscience avec mon corps,
V'là pourquoi j'n'ai jamais d'remords
Après q'ma folie est passée.

Eh ben ! Vous qu'êt' bonn', sans traîtrise,
Mèr' Lison? Vous qu'êt' sans défaut,
Dit'? à vot' idée? es'qu'i' faut
Que j'me r'pente et que j'me méprise ? »

La vieille, ainsi, dans la droiture
De son sens expérimenté,
D'après la loi d'éternité,
La juge au nom de la Nature :

« Je n'vois pas q'ton cas m'embarrasse,
Ma fille ! T'as l'corps obéissant
Au conseil libertin d'ton sang
Qu'est une héritation d'ta race.

C'est pas l'vice, ni la fantaisie
Qui t'pouss' à l'homm'... c'est ton destin!
J'blâm' pas ta paillardis' d'instinct
Pac'qu'elle est sans hypocrisie.

Ceux qui t'appell' traînée infâme
En vérité n'ont pas raison :
L'sort a mis, comm' dans les saisons,
Du chaud ou du froid dans les femmes.

Tout' ceux bell' moral' qu'on leur flanque
Ell' les écout' sous condition :
Cell' qui n'cour' pas, c'est l'occasion
Ou la forc' du sang qui leur manque.

Et d'ailleurs, conclut la commère :
Qu'èq' bon jour, t'auras des champis,
Si t'en fais pas, ça s'ra tant pis :
Tu chang'rais d'amour, étant mère! »

LA VIEILLE ÉCHELLE

Gisant à plat dans la pierraille,
Veuve à jamais du pied humain,
L'échelle, aux tons de parchemin,
Pourrit au bas de la muraille.

Jadis, beaux gars et belles filles,
Poulettes, coqs, chats tigrés
Montaient, obliques, ses degrés.
La ronce à présent s'y tortille.

Mais, une margot sur le puits
Se perche... une autre encore! et puis,
Toutes deux quittant la margelle

Pour danser sur ses échelons,
Leurs petits sauts, tout de son long,
Ressuscitent la pauvre échelle.

BON FRÈRE ET BON FILS

Le notaire dit : « Jean ! il s'agit d'un partage.
    Votre frère, passé pour mort,
    Authentiquement vit encor.
Vous êtes maintenant deux pour votre héritage.

— Ça s'rait-il Dieu possibl' ? ah ben ! grommelle Jean.
    Faut partager l'bien et l'argent ?
Moi qui croyais mon frèr' si poussièr' dans sa fosse !
    Mais p'êt' ben q'la nouvelle est fauss' ?...

    — Vous auriez tort d'émettre un doute,
        Ricane le tabellion. »

— D'mêt' cru seul héritier ? maint'nant c'que ça m'en coûte !
On l'disait mort défunt : j'ai pas eu d'réflexion.
    Et, d'ordinair', c'est pas c'qui m'manque.
Si j'avais pu m'méfier, d'un' ressuscitation,
Mon pèr' m'eût fait d'la main à la main donation

D'ses écus et d'ses billets d'banque ;
Pas seul'ment ça, ben encor mieux !
Comme à volonté je m'nais l'vieux,
Terr' et prés j'y faisais tout vendre,
Et, faisant argent d'tout, ainsi j'pouvais tout prendre !
C'est fort tout d'mêm'! mon frèr', rien q'pour m'embarrasser.
Qui s'avis' ben d' détrépasser !
C'lui q'était notaire avant vous
Il disait : « Faut s'fier à personne :
Les morts vous tromp' comme les fous. »
Enfin, j'peux pas dir' que j'm'en fous,
Mais, ça yest... Faut que j'me raisonne !
Pourtant, puisque mon frère est un ch'ti mort qui r'vient
Pour partager c'qui m'appartient.
Alors, i'm'compens'ra, j'espère.
Moitié de c'qu'a coûté mon père
Pour sa bière et son enterr'ment. »
Et puis, tout bonhomiquement,
Il ajoute : « Mon Dieu, six francs? c'est pas un' somme !
J'y pay'rai ben tout seul ses quat'planch'à c'brave homme. »

LA VOIX DU VENT

Les nuits d'hiver quand le vent pleure.
Se plaint, hurle, siffle et vagit,
On ne sait quel drame surgit
Dans l'homme ainsi qu'en la demeure.

Sa grande musique mineure
Qui, tour à tour, grince et mugit,
Sur toute la pensée agit
Comme une voix intérieure.

Ces cris, cette clameur immense,
Chantent la rage, la démence,
La peur, le crime, le remord...

Et, voluptueux et funèbres,
Accompagnent dans les ténèbres
Les râles d'amour et de mort.

LES TROIS NOYERS

Qui les planta là, dans ces flaques,
Au cœur même de ces cloaques?
Aucun ne le sait, mais on croit
Au surnaturel de l'endroit.

Narguant les ans et les tonnerres,
Les trois grands arbres centenaires
Croissent au plus creux du pays,
Aussi redoutés que haïs.

A leur groupe un effroi s'attache.
Nul n'oserait brandir sa hache
Contre l'un de ces trois noyers
Qu'on appelle les trois sorciers.

Car, si le hasard les rassemble,
Il fait aussi qu'ils se ressemblent :
Ils sont d'aspect énorme et rond,
Jumeaux de la tête et du tronc.

Ils ont la même étrange mousse,
Et le même gui monstre y pousse.
Ils sont également tordus,
Bossués, ridés et fendus.

Et, de tous points, jusqu'au gris marbre
De leur écorce, les trois arbres
Pour les yeux forment en effet
Un trio sinistre parfait.

Par le glacé de leur ombrage
Ils rendent à ce marécage
L'humidité qu'y vont pompant
Leurs grandes racines-serpent.

Au-dessus du jonc et de l'aune
Leur feuillage verdâtre et jaune
Tour à tour fixe et clapotant
Est tout le portrait de l'étang.

On ne voit que le noir plumage
Du seul corbeau dans leur branchage;
Et c'est le diable, en tapinois,
Qui, tous les ans, cueille leurs noix.

On dit qu'ils ont les facultés,
Les façons de l'humanité,
Qu'ils parlent entre eux, se déplacent,
Qu'ils se rapprochent, s'entrelacent.

On ajoute, même, tout bas,
Qu'on les a vus, du même pas,
Cheminer roides, côte à côte,
Dressant au loin leur taille haute.

Et l'on prétend que leurs crevasses,
Autant d'âpres gueules vivaces,
Ont fait plus d'un repas hideux
Des pâtres égarés près d'eux.

Enfin, tous trois ont leur chouette
Qui, le jour, n'étant pas muette,
Pousse des plaintes de damné
Dès que le ciel s'est charbonné.

Et chacune prédit un sort :
L'une clame la maladie,
Une autre annonce l'agonie,
La troisième chante la mort.

C'est pourquoi, funeste et sacrée,
L'horreur épaissit désormais
Leur solitude. Pour jamais
On se sauve de leur contrée !

LA TACHE BLANCHE

Dure au mordant soleil, longtemps épanouie
Aux grands effluves lourds et tièdes du vent plat,
La neige, ayant enfin fléchi, perdu l'éclat,
Venait de consommer sa fonte sous la pluie.

L'espace détendu! le bruit désemmuré!
Et les cieux bleus, enfin! pour mes regards moroses,
Avides de revoir le vieil aspect des choses,
Tout surgissait nouveau du sol désengouffré.

Soudain, au creux d'un ravin noir,
Un soupçon de neige fit voir
Sa tache pâle, si peureuse

Que je me figurai, songeur,
Un dernier frisson de blancheur
Au fond d'une âme ténébreuse!

EN BATTANT LE BEURRE

Dans sa grande jatte de grès,
L'Angélique, la belle veuve,
Avec sa crème toute neuve
Fabrique un peu de beurre frais.

Ses doigts et sa batte à loisir
Fouettent, pressent, foulent, tripotent,
Tournent, roulent, piquent, tapotent
La crème lente à s'épaissir.

Enfin, déjà compacts, les grumeaux s'agglomèrent
Et prennent par degrés leur coloris d'or blond ;
Elle aura bientôt fait son pain ovale et rond.
Mais, dévorant des yeux la tentante commère,
En face d'elle, assis à cheval sur sa chaise,
Coude et pieds aux barreaux, voilà que le grand Blaise,
Son soupirant câlin, lui parle à mots si doux.

Que, toute tressaillante à ce regard de faune.
Elle aspire la voix du beau meunier blanc-roux.
Tandis que dans son pot. moins serré des genoux,
S'endort las et distrait son petit bâton jaune.

UNE RÉSURRECTION

Autrefois, un pauvre arbre, au coin d'une prairie,
    M'avait toujours frappé les yeux
    Par son dénudé soucieux
Et par l'air écrasé de sa sommeillerie.

Or, après bien des ans, ce soir, je le retrouve.
    Et, c'est un ébahissement
    Tout mêlé d'attendrissement.
Comme un trouble ravi qu'à son aspect j'éprouve.

Car, maintenant, pour l'œil, le serpent de la sève
Qui tette les rameaux, les étouffe et s'y tord,
Le gui, lui rend la vie en aggravant sa mort!

Et l'arbre repommé, débrouillassé d'ennuis.
Gaillardement vert jaune, orgueilleux se relève,
Semblant tout revêtu d'un feuillage de buis.

LA REMARIÉE

Le corps prostitué de la veuve infidèle
Est maudit chaque nuit par un spectre blafard
Dont l'œillade ironique et le baiser cafard
Viennent la chatouiller comme un frôlement d'aile.

En tous lieux, et toujours, aux mois de l'hirondelle,
A l'époque du givre, au temps du nénufar,
Le corps prostitué de la veuve infidèle
Est maudit chaque nuit par un spectre blafard.

Son lit est assiégé comme une citadelle
Par son premier mari, vivant pour son regard,
Et l'anathème affreux du Revenant hagard
Lancine, dès que *l'autre* a soufflé la chandelle,
Le corps prostitué de la veuve infidèle.

SOLITUDE

Les choses formant d'habitude
Au plus fauve endroit leur tableau :
Les rochers, les arbres et l'eau,
Manquent à cette solitude.

D'un gris fané de vieille laine,
De couleur verte dénué
Et de partout continué
Par l'indéfini de la plaine.

Tel ce champ étend sa tristesse,
Sans un genêt, sans un chardon.
La ronce, indice d'abandon,
N'étant pas même son hôtesse.

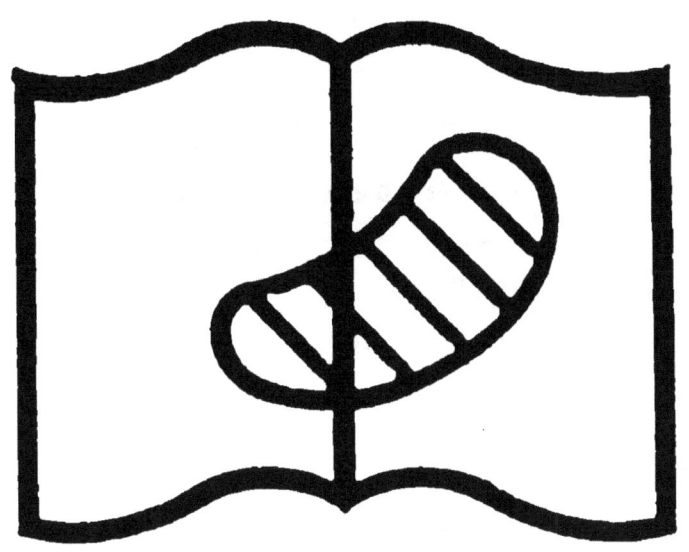

ILLISIBILITE PARTIELLE

NF Z 43-120

Le ciel blanc, comme un morne dôme,
Tout bombé sur son terrain plat,
Raye d'un éclair çà et là
La lividité de son chaume.

On dirait une espèce d'île
Au milieu d'océans caillés,
Tant les quatre horizons noyés
Ont un effacement tranquille !

Le spectre ici ? Ce serait l'être
Dont on guette venir le pas,
Le quelqu'un que l'on ne voit pas
Mais qui pourrait bien apparaître.

En ce lieu d'atmosphère lourde,
Où couve un malaise orageux,
Il souffle un frais marécageux
D'odeur cadavéreuse et sourde.

Pas un frisson, pas une pause
Du silence et du figement !
La pleine mort, totalement,
En a fait sa lugubre chose.

Mais ce qui, surtout, de la terre
Monte, funèbre, avec la nuit,
C'est l'effroi, la stupeur, l'ennui
De l'éternité solitaire.

On voit à cette heure émouvante,
D'aspect encor plus solennel,
Ce champ et ce morceau de ciel
Communier en épouvante.

L'espace devant l'œil dévide
Son interminable lointain
Emplissant le jour incertain
De son vague absolument vide.

Malgré l'amas de la tempête
D'un poids noir et toujours croissant,
Ici, le vent même est absent
Comme la personne et la bête.

L'ombre vient... l'horreur est si grande
Que je quitte ce désert nu,
M'y sentant presque devenu
Le fantôme que j'appréhende!...

LA FEMME STÉRILE

Ses jupons troussés court comme sa devantière,
    Sous ses gros bas bleus bien tirés
    Laissant voir ses mollets cambrés
    A mi-chemin des jarretières,
    S'en vient près du vieux cantonnier
    La femme rousse du meunier :
    Cheveux frisés sur des yeux mièvres,
    Blanche de peau, rouge de lèvres,
    Le corsage si bien rempli
    Qu'il bombe aux deux endroits, sans pli,
    Cotillon clair moulant énormes
    Le callypige de ses formes.
Voilà ce qu'elle dit alors au père Pierre
    En train de casser de la pierre :

    « Voyez ! si l'on n'a pas d'malheur,
    Et si n'faut pas que l'diab' s'en mêle !
    J'suis pourtant un' solid' femelle,
    En plein' force et dans tout' sa fleur,

Eh ben ! yaura six ans à Pâques
Que j'somm' mariés, et q'tels qu'avant,
Nous pouvons pas avoir d'enfant !
Ça s'ra pour c'te fois, disait Jacques,

Mais toujou sans p'tit le temps passa...
Et qu'on en voudrait tant un ! Dame !
C'est pas d'not' faut' ! l'homme et la femme
On fait ben tout c'qui faut pour ça.

J'ai fait dir' des mess' de pèl'rins,
Brûler des cierg' aux saints, aux saintes,
Dans des églis' en souterrains,
Mais ouah ! j'suis pas d'venue enceinte.

Les prièr' ? les r'mèd' de tout' sorte ?
Méd'cins ? Curés ? n'm'ont servi d'rin.
J'suis tell' comme un mauvais terrain
Qu'on ens'menc' ben sans qu'i' rapporte.

Et vrai ! C'est pourtant pas qu'on triche !
Mais, des fois, vous q'êt's' un ancien.
Si vous connaissiez un moyen ?
Faut me l'donner ! mon pèr' Pierriche. »

Alors, le vieux lâchant sa masse,
A genoux sur son tas, voûté,
Lui répond avec la grimace
Du satyre qu'il est resté,

La couvant de son œil vert brun
Qui lèche, tâte, enlace, vrille :
« Sais-tu c'que t'as à fair', ma fille ?
Eh ben ! faut aller à l'emprunt. »

Et la meunière aux yeux follets,
Qui sait ce que parler veut dire,
S'écrie en éclatant de rire :
« Vous seriez l'prêteur, si j'voulais.

Hein ? fiez-vous donc à c'bon apôtre !
Mais j'veux pas d'vous, vieux scélérat ! »
Et lui : « T'as ma r'cett' qui pourra
P't'êt' ben t'servir avec un autre. »

DEUX BONS VIEUX COQS

Le cabaret qui n'est pas neuf
Est bondé des plus vieux ivrognes
Dont rouge brique sont les trognes
Entre les grands murs sang de bœuf.
L'un d'entre eux, chenu comme un œuf,
D'une main sur la table cogne,
Et, son verre dans l'autre, il grogne :
« Aussi vrai que j'suis d'Châteauneuf !
J'reste un bon coq, et l'diab' me rogne !
Je r'prendrais femm' si j'dev'nais veuf. »
« Dam ! moi, fait le père Tubeuf,
J'suis ben dans mes quatre-vingt-neuf :
Et j'm'acquitte encor de ma b'sogne ! »

UN JOUR D'HIVER

Arqué haut sur les monts et d'un bleu sans nuages
Qu'un triomphant soleil embrase éblouissant,
Le ciel, par la vallée où la chaleur descend,
Anime, en plein hiver, la mort des paysages.

Il semble qu'ici, là, la mouche revoltige,
Tourne dans la poussière ardente du rayon ;
On va voir le martin-pêcheur, le papillon,
L'un raser le ruisseau, l'autre effleurer la tige !

Le ravin clair bénit l'horizon rallumé ;
Du branchage et du tronc l'arbre désembrumé
Contemple, radieux, le luisant de la pierre.

Et, dans l'espace, au loin, partout, les yeux surpris
Ont la sensation d'un été chauve et gris
Dont la stérilité rirait à la lumière.

LA JUMENT ZIZI

Sur place, à la montée, à la descente aussi,
La jument dansotait son trot, n'y voyant goutte.
Vous arriverez bien, allez ! coûte que coûte !
Fit le roulier, d'un air dont je restai saisi.

Ce disant, il sauta de son siège, et voici
Que, ramassant sa force et la déployant toute,
Il courut, bride en main, le reste de la route,
Ses pieds sonnant devant les sabots de Zizi.

N'ayant plus qu'à porter le poids de son squelette,
Roide et folle, la rosse, automatiquement,
Suivait le train d'enfer de ce rustique athlète :

Et ce fut par la ville un épouvantement,
Quand, nu-tête, cet homme à la haute stature
Entra, torrentueux, traînant bête et voiture.

LE VEUF

« C'que c'est ! j'me s'rais pas cru r'mariable...
Et v'là que j'trouve un aut' parti !
D'avec moi l'diable était parti :
Faut que j'me r'mette avec le Diable !

Content d'êt' plus qu'un, je me r'double.
J'étais dans la paix, je m'retrouble.
D'humeur et d'façons lib' comm' l'air,
V'là que je m'rebouel' dans les fers !

Vous en comprenez ben l'pourquoi.
J'suis en chair et non pas en bois.
Ceux f'mell' qui m'échauff' tant la bile
J'rest' pas un jour sans y penser ;
Et dir' ! si j'pouvais m'en passer,
Que j's'rais mon seul maîtr', si tranquille !

Enfin, faut espérer q'la nouvell' que j'vas prendre,
Dans sa natur' de femme agit et pens' comm' moi.
C'qui prouv'rait qu'en amour si j'suis pas d'ceux plus froids,
Ell', non plus, tout à fait, ell' gèl' pas à pierr' fendre. »

LE MUTILÉ

« Tiens? il vous manque un doigt, dis-je au vieux menuisier,
Et par quel accident? — Ah ! ça c'est un mystère
Que l'on d'vait seul'ment deux emporter dans la terre,
Mais j'vas l'conter à vous qu'êt' pas un potinier !

J'aimais un' fill' moqueuse et qui voulait pas d'moi.
V'là qu'ell' me dit un jour, net! pour pas que j'revienne,
« Si tu te coup' un doigt, eh ben vrai ! je s'rai tienne. »
Mon parti fut vit' pris, je m'couperais un doigt.

J'rentrai chez nous. C'était par un' nuit ben douce..
J'étendis ma main gauche à plat sur l'établi,
Et d'un coup de ciseau — toc — je tranchai mon pouce.

C'que c'est ! si, sus l'moment d'cogner, j'avais faibli,
J'n'aurais pas eu depuis tant de bonheur dans l'âme,
Puisque cell' pour qui j'mai coupé l'doigt, c'est ma femme » !

L'ÉTANG DU MAUVAIS PAS

Fuis l'étang du mauvais pas,
Crains l'ogre qu'on y soupçonne,
Gare au monstre du trépas!

On dit qu'il fit ses repas
Maintes fois d'une personne...
Fuis l'étang du mauvais pas!

Crois-moi! tiens! entends ce glas!
C'est comme un avis qui sonne.
Gare au monstre du trépas!

Mais, incrédule est le gars.
Il part, sa chanson résonne...
Fuis l'étang du mauvais pas!

Bah ! il n'en fait aucun cas,
Cette vieille déraisonne.
Gare au monstre du trépas !

S'allonger la nuit ? non pas.
Pour lui toute route est bonne...
Fuis l'étang du mauvais pas !

Allons donc ! les pays plats ?
C'est sûr ! et rien ne l'étonne.
Gare au monstre du trépas !

Sa marche ouvre son compas
Tranquille. Pourtant, il tonne...
Fuis l'étang du mauvais pas !

Le vent claque lourd, au ras
Du feuillage qui moutonne.
Gare au monstre du trépas !

D'accent triste, à soupirs las,
Une voix longue marmonne :
Fuis l'étang du mauvais pas !

Voici les joncs scélérats
Encadrant l'eau qui charbonne.
Gare au monstre du trépas !

L'homme dans leur louche amas
S'engage, sans qu'il frissonne.
Fuis l'étang du mauvais pas !

La nuit fonce encor ses draps,
Éclairs, brouillards, l'environnent.
Gare au monstre du trépas !

Lui, calme, au croulant fracas,
Garde son humeur luronne.
Fuis l'étang du mauvais pas !

Soudain, de l'eau sort un bras,
Puis, une main le harponne...
Gare au monstre du trépas !

O le plus noir des combats !
Il reparaît, replongeonne...
Fuis l'étang du mauvais pas !

Il descend toujours plus bas
Sous l'onde qui tourbillonne...
Gare au monstre du trépas !

Et, lent, dans les roseaux gras,
L'ogre assassin le mâchonne.
Fuis l'étang du mauvais pas !

Telle s'accomplit, hélas!
La légende berrichonne.
Fuis l'étang du mauvais pas,
Gare au monstre du trépas !

A L'ASSEMBLÉE

Parmi châtaigniers et genêts
Où s'émouchaient, sans pouvoir paître,
Des montures sous le harnais,
Ronflait l'humble fête champêtre.

Les crincrins et les cornemuses,
La ripaille, un soleil de feu,
Allumaient tout un monde bleu
A faces longues et camuses.

Et, tandis que ce flot humain
— L'enfance comme la vieillesse —
Battait les airs de sa liesse...
En grand deuil — au bord du chemin,

Les yeux fermés, — morte aux vacarmes,
Une femme étranglait ses larmes
A genoux, devant une croix.

Rien n'aura l'horreur et l'effroi
De ces pleurs gouttant, sans rien dire,
Dans cet énorme éclat de rire.

LE REBOUTEUX

Fixe, de la queue à la tête,
La truie est là sur les cailloux.
Auprès, une vieille à genoux,
Gesticule, pleure et tempête.

Et, mains au dos, plus d'un s'arrête,
Supputant d'un air neutre et doux
Combien de lard et de saindoux
Pourrait fournir l'énorme bête,

Quand le rebouteux de l'endroit,
Rouge, empêché de marcher droit
Par une vineuse cuvée,

Arrive et dit, plein d'onction :
« Il y a complication. »
Je crois bien ! la truie est crevée.

LA CORNE

La nuit est noire opaque. Au bas d'une âpre côte
Paissent bœufs et taureaux, masses lentes, qui vont
Chargés d'horreur, avec un beuglement profond,
Dans le silence affreux de l'herbe humide et haute.

Ici rampe un crapaud, une grenouille saute,
Là, miaule un hibou dans un tronc d'arbre. Ils sont
Comme eux secrets, obscurs, invisibles, ils ont
Autour, dessus, dessous, le mystère pour hôte.

    Mais voici l'air s'éclaircissant.
    Une lune en demi-croissant
    A percé les nuages mornes...

    Et, vers cette corne des cieux,
    Ébahis se lèvent les yeux
    De toutes ces bêtes à cornes.

LES PETITS CAILLOUX

I

Roulés par d'antiques déluges
Ou par des torrents disparus,
Sur tant de chemins parcourus
Ils ont rencontré des refuges.

Ils gisent au hasard du temps,
A la merci brusque de l'homme,
Dormant leur immobile somme,
Mornes, gais, obscurs, miroitants.

Il vous en apparaît, parfois,
Un tas tout blanc sous des aigrettes
D'herbes folles et de fleurettes
Dans la clairière d'un grand bois.

Certains, au pied d'un très vieil arbre,
Semblent au fond d'un ravin gris,
Sur une mousse vert-de-gris,
De beaux petits morceaux de marbre.

La chenille qu'humide ou sec
Un coup de vent jette ou remporte
Bien collée à sa feuille morte ;
L'aiguisage d'un petit bec ;

Fourmis au repos comme à l'œuvre ;
La rampade, le repliement
Tassé, le désenroulement
Brusque ou dormi de la couleuvre ;

Les divers grincés du grillon
Selon qu'il s'arrête ou qu'il flâne ;
La caresse d'un mufle d'âne ;
Le flottement d'un papillon :

Tout cela, léger, taciturne,
Ou d'un murmure si discret,
Ils l'ont ! et savent le secret
De plus d'une bête nocturne.

II

Ils ornent le recoin seulet,
Émaillent le sentier sauvage,
Le fossé, le mignon rivage
De la source et du ruisselet.

L'averse vient quand il lui plaît
Leur donner fraîcheur et breuvage ;
Le soleil, après ce lavage,
Les essuie avec un reflet.

Ovales, ronds, plats ou bombés,
Polis, blancs, jaunes, violâtres,
Ils attachent les yeux du pâtre
Aux longs regards inoccupés,

Comme ils frappent le solitaire
Qui, lassé du visage humain,
Trouve toujours sur son chemin
De quoi se pencher vers la terre.

Et leur aspect, même au temps froid,
Charme encor le plus triste endroit,
Car on sait que chacun recèle

Cetéclair soudain, rouge et bleu,
Cette âme furtive du feu :
La prestigieuse étincelle !

III

Là, frôlés de ces glisseurs doux :
Le lézard, le ver et l'insecte,
Au bord d'une eau qui les humecte,
Ils rêvent les petits cailloux.

Au milieu des clartés éteintes
Le soleil, retardant sa mort,
Ajoute comme un glacis d'or,
Comme un frisson rose à leurs teintes.

Et, quand d'un invisible vol
Dans l'air, au chant du rossignol,
Vont les brises capricieuses...

L'astre sorcier qui les revêt
De son ombre magique, en fait
D'étranges pierres précieuses.

LES ASPERGES

Soigné par un malin, le vieux ayant pour tic
De balayer son nez du revers de sa manche
Bâfrait, buvait, montrant par plus d'un pronostic,
Qu'il achèverait saoul le saint jour du dimanche.

Il avait nettoyé tous les plats ric à ric.
Le pain sec y passait, les os après les tranches.
Ah ! voilà la salade enfin, dit le loustic :
« Comment l'aimez-vous mieux père Jean ? verte ou blanch

— C'est la blanche. mon fils, moi, que j'aime le mieux. »
Or, la salade étant des asperges, le vieux,
Tandis que l'autre en hâte engouffrait les bouts verts,

Grognait les chicots pris et mâchant de travers :
« C'est peut-être ben bon, mais que le diabl' me torde !
Si ça n'me paraît pas que j'mange de la corde ! »

LA MEUNIÈRE

La meunière, une forte et rougeaude jeunesse,
Chantait dans sa charrette en piquant son bardeau;
Tout à coup, l'animal quittant son pas lourdaud,
Partit brusque! il venait de sentir une ânesse.

Celle-ci, l'ayant vu du fond du brouillard pâle,
D'un long cri de désir hélait le bourriquot
Lequel hâtait sa course en ébranlant l'écho
D'un grand hi-han tout plein de sa vigueur de mâle.

Jointe, ce fut l'éclair! Entre ses pieds roidis
Il lui serra les flancs et l'eut toute! Et, tandis
Qu'allaient se consommant ces amours bucoliques,

Renversée en arrière, avec un œil fripon,
La meunière, à deux mains rabattant son jupon,
Riait, jambes en l'air sur les limons obliques.

LA FORME NOIRE

C'est le grand silence des nuits
Auquel, seul, le vent s'amalgame.
Pleurant ses amoureux ennuis,
Pas une chouette qui clame!
Rien! pas même un crapaud n'entame
Ce figement de tous les bruits.
Une forme d'homme ou de femme,
Tout le corps et les traits enfouis
Dans du noir, suit au long des buis
La rivière qui sent le drame.
Ses pas fiévreusement conduits
Disent assez ce qu'elle trame.
Sous les frissons d'ombre et de flamme.
Coulant des cieux épanouis,
Au milieu des joncs éblouis
Une barque est là qui se pâme.
L'inconnu saisit une rame,
Sonde un endroit creux comme un puits,
Se précipite... flac! — Pauvre âme!
L'eau se referme — plate — et puis
C'est le grand silence des nuits.

LA GRANDE CASCADE

A cette heure, elle n'est sensible,
La grande cascade du roc,
Qui par son tonnerre d'un bloc,
La nuit la rend toute invisible.

Et, pourtant, sa rumeur compacte
Décèle son bavement fou,
Sa chute à pic, en casse-cou,
Son ruement lourd de cataracte.

Un instant, l'astre frais et pur
Écarte son nuage obscur,
Comme un œil lève sa paupière;

Et l'on croit voir, subitement,
Crouler des murs de diamant
Dans un abîme de lumière.

LE JETEUR D'ÉPERVIER

De loin, j'apercevais comme une forme humaine,
Noire et gesticulant d'une étrange façon,
En marchant au milieu de l'eau. — J'eus le frisson :
La mort s'offrait là-bas à quelque veuve en peine...

Et, longeant la rivière à travers le brouillard,
Je courais, pour tâcher de sauver le pauvre être,
Lorsqu'au lieu d'une femme en deuil, je vis un prêtre
Pêchant à l'épervier — sans rabat, le gaillard !

Souple et fort, poings tendus, à pleine corde... Floc !
Il le déployait rond — tout entier, d'un seul bloc.
Quant aux balles, ses dents n'avaient pas l'air d'y mordre...

Les coups se succédaient en tous sens, à foison...
A peine s'il avait dépoché son poisson
Qu'il relançait plus loin son filet, sans le tordre.

A clignotements frais, luisaient les cieux sans voiles,
Et, longtemps, je suivis près de l'eau, les doublant,
Le grand fantôme noir au grand épervier blanc
Qui semblait maintenant pêcher dans les étoiles!...

LE LAC ET LE SAULE

La solitude est bien l'hôtesse
Qui convient à ce lac profond :
Son saule unique et lui se font
Le vis-à-vis de la tristesse.

Immobiles ou se mouvant
Ils joignent leurs mélancolies,
Par les froidures, sous les pluies,
Dans le soleil et dans le vent.

Ils échangent même en secret
Ce qui les charme ou les distrait.
L'arbre a des oiseaux dans ses branches,

Il les montre au Lac qui, toujours,
A fleur d'eau lui montre à son tour
Ses belles carpes et ses tanches !

LE VIEUX PRISEUR

Le plus grand priseur de la terre
Etait bien le père Chapu,
Bonhomme rougeaud et trapu,
Rond d'allure et de caractère.

Certes! la poudre tabagique
Aucun ne la dégusta mieux,
Avec plus d'amour que ce vieux
Dont c'était le trésor magique.

Oui! c'était sa joie et sa force.
On le voyait s'épanouir
Quand le couvercle à bout de cuir
Découvrait sa boîte en écorce.

Il l'avait là, comme son âme,
Dans la poche de son gilet.
Il disait, quand il en parlait,
« Plutôt q'd'ell' je m'pass'rais d'ma femme. »

Pour son vieux nez sa large prise
Qu'il aspirait jusqu'au cerveau
Avait l'attrait toujours nouveau,
Était sans cesse une surprise.

Ayant ouvert sa tabatière,
Coudant un doigt, dans les deux bouts
Il tapotait à petits coups,
Pour dégrumeler la poussière.

Puis, entre l'index et le pouce,
Il pinçait dans un plongement
Sa prise que, dévotement,
Il reniflotait, lente et douce.

Un éclair de béatitude
Parcourant alors tous ses traits
Faisait rire ses yeux distraits,
Illuminait sa face rude.

« Hein? chez vous l'habitude est forte,
Dis-je, un jour, au père Chapu.
Comment ça vous est-il venu? »
Et le vieux parla de la sorte :

« Jeun' j'étais pourtant pas tout bête,
Mais, faut croir' que c'était un sort :
Je n'faisais q'penser à la mort,
J'avais mon cercueil dans la tête.

Dans les champs, à la métairie,
Tout seul, comme avec d'aut' garçons,
Tell' qu'un' fièv' qu'arrive en frissons,
Subit'ment m'prenait c'te song'rie.

J'avais beau travailler q'plus ferme,
Chanter fort, m'donner du mouv'ment,
J'étais mangé par mon tourment,
L'jour, la nuit, ça n'avait pas d'terme.

Et puis, sans que j'boiv', sur ma vue
Yavait comm' les brouillards du vin,
Sans êtr' sourd, j'entendais pas fin,
Et j'avais la langue r'tenue.

J'fumais ben comm' ça quéq' pipette,
Mais c'tabac-là n'me valait rien.
Si tell'ment qui m'faisait pas d'bien
Qui m'rendait malade et pompette.

V'là q'prenant mes bott', un dimanche,
J'm'en fus trouver dans sa forêt
L'charbonnier qui soignait d'secret :
Un grand homm' noir à barbe blanche.

J'lui racontai tout' mon histoire.
Et ses parol' tell' de c'jour-là,
Ya pourtant trente ans d'ça, les v'là !
Ell' n'ont pas quitté ma mémoire :

« D'abord, qui m'dit, c't'homm' solitaire,
Vous et' fermier? Soyez pêcheur!
Vivez dans les creux d'la fraîcheur,
Et fouillez l'onde au lieu d'la terre.

A c'métier-là, moi, je l'devine,
Vous d'viendrez plus astucieux.
C'est la nuit qui fait les bons yeux,
Et l'silenc' qui rend l'oreill' fine.

Quant à vot' pareil' paresseuse,
Tant mieux pour vous! vous risquez moins
D'vous compromet' devant témoins,
La langue est toujours trop causeuse.

Maint'nant, v'lez-vous une âm' rentière
D'la plus parfait' tranquillité?
Dev'nez un priseur entêté,
Un maniaq' de la tabatière.

Avec ça, vous n's'rez plus sensible
A tout' ces peurs de trépasser,
Vous attendrez, pour y penser,
Q'vot' jour soit v'nu : l'plus tard possible! »

Dam'! dès l'lendemain, yeut pas d'méprise,
Le pêcheur remplaça l'bouvier;
J'troquai la bêch' pour l'épervier,
Et la fumade cont' la prise.

D'abord, j'aimai pas trop la chose,
J'en fus curieux p'tit à p'tit;
Puis, mon nez en eut l'appétit...
J'agrandis la boîte et la dose.

Dans mon tabac, moi, j'mets pas d'fève,
Comm' de l'eau dans l'vin, ça l'chang' tout.
Je l'veux net! qu'il ait son vrai goût!
Et tous vos parfums ça yenlève.

Ah oui! c't'habitud'-la m'attache,
I'm'faut ma pris'! j'conviens q'mon nez
En a les d'sous tout goudronnés,
Qu'on dirait, des fois, un' moustache...

C'est pas la propreté suprême,
Bah! on s'mouch' mieux et plus souvent,
Et puis, l'grand air, la pluie et l'vent
Vous rend' ben ragoûtant quand même.

Ell' sont aussi joint' qu'ell' sont grosses
Mes queues d'rat. Dans leur profondeur
L'tabac s'tient frais, gard' son odeur,
Tel que du limon dans des fosses.

J'm'ai moi seul appris à les faire :
Queq' petits clous fins d'tapissier,
Un bout d'pelur' de bon c'risier,
Deux d'bois blanc, un d'cuir, font l'affaire.

J'en fabrique pour d'aut'! quand l'vent rèche
Empêch' tout l'gros poisson d'mouver,
J'm'amuse à les enjoliver,
Pendant c'temps-là l'épervier sèche.

L'sorcier m'avait pas dit d'mensonges,
J'prends à mon aise, en vivant bien,
L'homm' tel qu'il est, l'temps comme i'vient,
Et la paix des chos' fait mes songes.

Oui! sauf les affair' de la pêche
Où q'mon esprit combin' des coups,
J'rêve aussi douc'ment q'les cailloux
Quand i' sont léchés par l'eau fraîche.

Certain' fois q'ma b'sogne est confuse
J'en r'nifle un' qui m'donne un conseil,
M'désengourdit, m'tient en éveil,
Et m'fournit du cœur et d'la ruse.

Comme aussi, lorsque j'fais une pause
Sur queq' rocher gris pour fauteuil,
Un' bonn' pris' me met mieux à l'œil
Le feuillag' qui tremble ou qui r'pose.

Et puis, vous parlez, pour mon âge,
Que j'suis encor subtil et r'tors!
Sans soleil, j'vois l'poisson qui dort,
J'entendrais un' grenouill' qui nage.

Ma foi! j'suis l'plus heureux des hommes,
J'rôd' tranquille au fond d'mes vallons,
Au bord de l'eau, sous l'ciel, — allons!
Vite un' pris'! pendant q'nous y sommes!

Parc' que quand ma vie et la vôtre...
Mais j'vous parl' trépas, c'est trop fort!
Cont' ce p'tit r'venez-y d'la mort
Attendez! j'vas en prendre une autre. »

Ceci lu, maint priseur tirant sa tabatière,
   Se dira, non sans quelque émoi :
« O prise! que n'as-tu le même effet chez moi
   Contre la peur du cimetière! »

L'ORMEAU

D'un branchu semblant un grand fagot qui s'évase,
Il végète sa mort — à jamais défeuillé;
Pourtant, sous tous les ciels, dans l'air sec et mouillé,
Son très étrange aspect vous met l'œil en extase!

C'est que, depuis l'énorme et ronde fourmilière
Grouillant au pied pourri de ce petit ormeau,
Tout son tronc est moussu comme un toit de hameau,
Soutaché de lichen, et festonné de lierre.

Donc, il cumule ainsi la double vétusté
    De l'horreur et de la beauté.
Que de neige ou de fleurs la terre soit couverte...

Lui seul ne change pas! — Seul, toujours il fait voir
    Sa vieille tête en fouillis noir
    Et son vieux corps en robe verte.

LA RESSUSCITEUSE

Je dis à la bergère : « Où donc est ta bessonne !
    Oh ! mais, comme tu lui ressembles ! »
La fille soupira : « Ma sœur est mort' ! personne
    N'nous verra plus jamais ensemble.

C'est vrai que j'suis son doub', son r'venant q'l'on dirait,
    Celui-là qui me r'gard' la voit.
De visag', de parler, d'taill', j'suis tout son portrait :
    J'suis elle, comme elle était moi.

    Je m'la ressuscit' ben souvent.
    J'prends tout c'quell' portait d'son vivant,
    A sa façon, j'm'en habill' telle,

    Et puis, d'vant un' glac', pour tout d'bon,
    J'y cause... et, lorsque j'y réponds,
    Je me figure que c'est elle ! »

L'AVEUGLE

L'humble vieille qui se désole
Dit, gémissant chaque parole :
« Contr' le sort j'n'ai plus d'résistance.
Que l'bon Dieu m'appell' donc à lui !
La tomb' s'ra jamais que d'la nuit
Ni plus ni moins q'mon existence.

Mais la fille s'écrie, essuyant une larme :
Parlez pas d'ça ! J'vas dire un' bell' complaint' d'aut'fois, »
Et, quenouille à la taille, un fuseau dans les doigts,
Exhale de son cœur la musique du charme.

La vieille aveugle, assise au seuil de sa chaumière,
Écoute avidement la bergère chanter,
Au son de cette voix semblant les enchanter
On dirait que ses yeux retrouvent la lumière.

Tour à tour elle rit, parle, soupire et pleure,
Étend ses maigres doigts d'un geste de désir
Vers quelque objet pensé qu'elle ne peut saisir,
Ou, comme extasiée, immobile demeure.

Et, lorsque la bergère a fini sa chanson,
Elle lui dit : « Merci ! tu m'as rendu l'frisson,
    La couleur, et l'bruit du feuillage,

Tu m'as fait r'voir l'eau claire et l'beau soleil luisant,
Mon enfanc', ma jeuness', mes amours ! A présent
    J'peux ben faire le grand voyage. »

LA BELLE DAME

Dans le chaland moussu, la petiote ignorant
    Sa figure comme son âme,
Pour la première fois, près de sa sœur qui rame,
    Va sur l'étang vert transparent.

« Oh! fait-elle, soudain, vois donc la belle dame
    Là, dans l'eau, l'œil bien grand... bien grand! »
Et, le cœur gros, les yeux déjà mouillés, reprend :
    « Moi! j'voudrais ben l'embrasser, dame! »

La sœur répond : « Pleur' pas! c'te personn'là, ma foi!
    Est ni plus ni moins bell' que toi. »
    Puis, elle ajoute, goguenarde :

« Au surplus, ton envie est commode à passer !
    Tu n'as toi-mêm' qu'à t'embrasser
    Puisque c'est toi-mêm' que tu r'gardes. »

LE FORGERON

Dans sa forge aux murs bas d'où le jour va s'enfuir,
Haut, roide, et sec du cou, des jambes et du buste,
Il tire, mécanique, en tablier de cuir,
La chaîne d'acier clair du grand soufflet robuste.

Il regarde fourcher, rougeoyer et bleuir
Les langues de la flamme en leur fourneau tout fruste,
Et voici que des glas tintent sinistres... juste :
Le crépuscule alors vient de s'évanouir.

Croisant ses maigres bras poilus,
Il songe à celle qui n'est plus.
Dans ses yeux creux des larmes roulent.

Et le brasier dont il reluit,
Sur sa joue osseuse les cuit
A mesure qu'elles y coulent.

REPAS DE CORBEAUX

C'est l'heure où la nuit fait avec l'aube son troc,
Dans un pays lugubre, en sa plus morne zone,
Précipité, profond, massif comme le Rhône
Un gave étroit, muet, huileux, mou dans son choc;
Sol gris, rocs, ronce, et là, parmi les maigres aunes,
Les fouillis de chardons, les courts sapins en cônes,
Des corbeaux affamés qui s'abattent par blocs!
Ils cherchent inquiets, noirs dans le blanc des rocs;
Tels des prêtres, par tas, vociférant des prônes,
Ils croassent, et puis, ils sautent lourds, floc, floc!
Soudain, leur apparaît, longue au moins de deux aunes,
Une charogne monstre, avec l'odeur *ad hoc!*...
Ils s'y ruent! griffes, becs taillent, frappent d'estoc.
Acharnés jusqu'au soir, depuis le chant du coq,
Ils dévorent goulus la viande verte et jaune
Dont un si bon hasard leur a fait large aumône.
Puis, laissant la carcasse aussi nette qu'un soc,
Se perchant comme il peut, tout de bric et de broc,
Dans un ravissement que son silence prône,
Au-dessus du torrent, le noir troupeau mastoc,
Immobile, cuvant sa pourriture, trône.
Sous la lune magique aux deux cornes de faune.

LE CENTENAIRE

Près du laboureur poitrinaire,
Devant sa porte, au jour tombant,
Est venu s'asseoir sur son banc
Le patriarche centenaire.

Et, comme le gars se désole,
Dit qu'on va bientôt l'enterrer,
L'ancêtre, pour le rassurer,
Lui répond : « T'es jeun', ça m'console.

Ton temps est pas v'nu d'dire adieu
A tout' les bell' choses de la vie.
L'soleil, l'air, te r'mettront; j'me fie
A ces grands méd'cins du bon Dieu.

L'hiver, l'arbre est en maladie,
I' n'a plus d'oiseaux ni d'couleurs,
Mais, i' r'prend ses musiq', ses fleurs :
C'n'est que d'la nature engourdie.

Et puis, pour les tiens, d'si brav' gens,
Qui sont pas avancés d'argent,
Faut q'tu viv'! t'es utile encor.

Tandis q'moi, tant d'âg' me suffît.
Maint'nant, plus à charg' qu'à profit,
J'suis assez vieux pour faire un mort! »

EVOCATIONS

Je vis un gros corbeau, déployant son orgueil,
Qui jouait de la griffe et claquetait des ailes
A terre, avec un bruit de lugubres crécelles.
    Et je me dis : « C'est le grand deuil ! »

Un peu plus loin, je vis, m'épiant d'un coup d'œil,
Une pie occupée à s'aiguiser le bec,
Puis, allant et venant, d'un sautillement sec.
    Je me dis : « C'est le demi-deuil ! »

Enfin, d'une couleur plus pâle que les cierges,
Surgit, me sembla-t-il, le prince des hiboux.
Et je dis : « Ce deuil-là, le plus triste de tous,
    C'est le deuil pur et blanc des Vierges ! »

Ces trois rencontres successives,
M'arrivant par un soir d'hiver,
Laissaient en cet endroit désert
Ma vue et mon âme pensives,

Lorsqu'à petits vols grelottants,
M'apparut un pinson cherchant sa nourriture :
Et, joyeux, je songeai que, bientôt, le printemps
Ressusciterait la nature.

LES PETITS MARAUDEURS

Faisant sonner leur gaieté franche
Dans leur beau rire à plein gosier,
Ils massacrent le cerisier,
Et chacun emporte sa branche.

Mais quelle branche! longue et large,
Toute foisonnante de fruit,
Qui tremble au soleil et reluit
En les inclinant sous sa charge!

Qu'importe! ils se sauvent là-bas
Vers le bon ombrage, d'un pas
Que l'avidité rend alerte,

Et les bœufs regardent, rêvants,
Ces petits cerisiers vivants
Qui cheminent dans l'herbe verte.

LA DÉBÂCLE

L'orfraie a rendu son oracle.
Venu vite, le soir se bâcle ;
L'écluse émet d'horribles sons,
Puis, avec d'immenses frissons,
Partout craque... C'est la débâcle !

Et l'on voit l'effrayant miracle
D'un vitreux peuple de glaçons
Debout, haut comme des maisons,
Dépassant les rochers qu'il racle.

Magnifique et hideux spectacle !
L'énorme glacier vagabond
Roule les murs d'un habitacle,
Emporte les pierres d'un pont.
Le vent qui s'acharne répond
Aux banquises couchant l'obstacle.

D'aspects et de bruits plus funèbres?
Jamais personne n'en rêva !
Fantomal, blanc, cela s'en va...
En clapotant, l'onde, à pleins bords,
Semble ramper dans les ténèbres
Sous des multitudes de morts.

LE PÊCHEUR D'ÉCREVISSES

Nez plat, grosse bouche en fer d'âne,
Et, sous les pommettes deux creux
Dans un long visage cireux,
Tout en menton et tout en crâne ;

Glabre, sec et la peau ridée ;
Un petit œil vif et louchon ;
Une jambe en tire-bouchon,
L'autre racornie et coudée ;

Boitant, mais de telle manière
Que, d'un côté marchant plus bas,
Il avait l'air, à chaque pas,
D'entrer un pied dans une ornière.

Les bras tombant à la rotule
Avec une très courte main :
Tel était le pauvre Romain,
Mon visiteur du crépuscule.

Ce gars pêchait des écrevisses
Dans tous les ruisseaux du ravin.
Le goût du tabac et du vin
Était le plus grand de ses vices.

A qui lui parlait blonde ou brune
Il disait de son ton drôlet :
« Faut croir' que je n'suis pas si laid
Puisque j'en trouve encor quéqs'unes »

Ce maigre infirme, à jeun, comme ivre,
Ròdaillait le jour et la nuit...
Et, quand on marchait avec lui,
On avait du mal à le suivre.

S'il avait une ample capture,
Le soir, annoncé par mes chiens,
Il m'arrivait, criait : « J'en viens !
J'vous apport' de la nourriture. »

Exhalant des senteurs de fosses,
Il dépliait son grand mouchoir
Plein de bêtes, me faisait voir
Qu'elles étaient vives et grosses.

Je lui donnais un coup à boire,
Et, ça dépendait, deux et trois!...
Il buvait, tenant à dix doigts
Son verre comme un saint-ciboire.

Alors, sa pauvre face exsangue,
Prenant un petit ton vermeil,
Il disait : « C'est du jus d'soleil ! »
En faisant claqueter sa langue.

« Ah ! c'est ça qui donn' de l'organe !
A présent, j'chant'rais jusqu'à d'main.
Mais non, faut que j'renfil' mon ch'min,
Sur trois jamb's, en comptant ma canne! »

Dans son vaste mouchoir, le même,
Il nouait serré son argent,
Grognait : « J'm'ennuie en voyageant,
J'demeur' loin, et ça fait si blême !

Où q'ya l'paquet? j'vous prends un' chique,
Ça m'ravigot'ra l'estomac! »
Il partait, mâchant son tabac,
En chantant un fredon bachique.

Un beau jour, je priai mon homme
De me raconter sa façon
De pêche. « A vous qu'êt' bon garçon,
Fit-il, j'vas vous dir' ça tout comme :

Et d'abord, le mond' d'ordinaire
Font d'l'écrevisse un poisson... bah !
De c'te rac' là, ça n'en est pas,
Pas plus q'moi d'cell' des millionnaires!

L'écreviss', par sa têt', sa queue,
Ses yeux sortis, ses poils tout droits,
L'glissant d'ses patt', l'serrant d'ses doigts,
Par sa peau dure, noire et bleue,

Sauf qu'elle aim' l'eau, c'est un insecte
Qui r'semb' à ceux qu'on voit dans l'corps
Des crapauds et des lézards morts.
Ah! c'est amateur de c'qu'infecte!

Eh ben! pourtant, moi, qui la pêche,
J'peux m'en vanter, l'mieux du canton,
J'me sers jamais d'têt' de mouton,
Qu'ell' soit pourrie ou qu'ell' soit fraîche.

Avec ça faut un tas d'affaires,
D'la ficell', des engins d'cordier,
Et des sous? quand il faut payer,
C'est rar' chez un qui n'en a guères.

Vous allez voir! j'vas en rapines,
Et j'me coup' dans quéq' bon buisson
Un fagot, un vrai hérisson
Si tel'ment qu'il a des épines !

Partout, j'y mets d'la peau d'grenouille,
A l'eau j'le jette, et puis ça yest !
Laissez fair'! je n'suis pas inqu'et :
J'sais que j'reviendrai pas bredouille.

Mais, c'est d'un travail qu'est pas mince ;
Aussi vrai que j'm'appell' Romain,
L'meilleur, c'est d'pêcher à la main.
Dam'! faut s'méfier! pac'que ça pince.

D'ailleurs, moi, j'ai fait l'sacrifice
D'mes dix doigts. Les morsur' qu'i's ont
C'est peu d'chos'! Oui! mais, pac'qu'i' sont
Aussi malins q'les écrevisses.

En douceur, j'les surprends, j'les d'vine,
J'sais où qu'a s'tienn', les joints d'rocher,
Les renfonçis où j'dois chercher,
Et l'habitud' rend la main fine.

Aut'fois, est-c'pas? — i' faut qu'on s'forme! —
J'n'y voyais pas clair par les doigts,
J'prenais des serpents — oh! q'c'est froid! —
Ma main r'connaissait pas une forme.

Oui! mais à présent, l'Diab' me rompe!
Mes doigts ont des yeux pas berlus,
J'les serr' sur l'écreviss', pas plus!
Et n'ya pas d'danger que j'me trompe.

Qui q'ça fait q'j'aye un' jamb' trop basse?
Au contrair', j'ai moins à m'courber,
Et, quand i' m'arriv' de tomber,
Les rochers m'connais' : i' m'ramassent.

Et puis, voulez-vous que j'vous dise?
J's'rais pas infirm', ça s'rait l'mêm' jeu ;
Je m'plais trop dans c'qu'a fait l'bon Dieu,
Y flâner, c'est ma gourmandise ! »

Ame inculte, mais nuancée,
Cœur de soleil et de brouillard,
Errant poète du regard,
De l'oreille et de la pensée,

Il les comprenait suivant l'heure
Les paysages qu'il vivait,
Et, dans la nature, il savait
Ce qui parle, rit, chante ou pleure.

Au fond de leurs gorges désertes
Il aimait ses ruisseaux obscurs
Qui glougloutaient, pierreux et purs,
Sous des arceaux de branches vertes.

Leur mystère était son royaume
Par lui si tendrement hanté
Qu'il avait l'air en vérité
D'en être l'âme et le fantôme.

A présent, il dort sous les saules.
Ce coteau, tant de fois grimpé,
Dans une boîte à pan coupé,
Il l'a gravi sur des épaules.

Et, tous mes regrets sur sa tombe
Offrent un hommage fervent
Au pauvre être que, si souvent,
J'évoque, lorsque la nuit tombe.

LA MORTE

Miné de chagrin, l'homme croule
Près du lit à baldaquin bleu
Où sa femme gît au milieu
Sous le drap tendu qui la moule.

Voilà que son doux orphelin
Monte sur une chaise, et câlin,
Passe ses mains d'étrange sorte
Sur la figure de la morte.

Le père tressaille — il a peur...
Et, défigé de sa stupeur
Devant la forme longue et roide,

« Que fais-tu, p'tit ? » et tristement,
L'enfant répond : « J'réchauff' maman.
Si tu savais ? elle est si froide ! »

L'OFFICIANT

Or donc, c'était pendant la messe de minuit :
Tout flamboyait, l'autel, la nef et la tribune,
Celle-ci, par tous les soulards de la commune,
Devenue un enfer de désordre et de bruit.

Soudain, se retournant, d'un geste exaspéré
Soulevant à demi sa chasuble de fête,
Montant ses regards durs sur cette foule bête,
Tonitruesquement rugit le grand curé :

« Vous me connaissez bien, là-bas, les bons apôtres ?
Vous savez que je peux en prendre un parmi vous,
M'en servir de marteau pour cogner sur les autres !

Voulez-vous que j'y aille ? Assez de turbulence !
Hein !... hein !... Vous vous taisez, aussi lâches que fous ! »
— Et la messe reprit dans un profond silence.

LE SCIEUR DE LONG

Voûté haut sur la grande chèvre
Enchaînant un frêne équarri,
Le vieux parle, et son gars contrit
L'écoute, en se mordant la lèvre.

« T'es trop vif! Dans not' dur métier,
Pas s'presser soulag' de moitié.
L'corps joue à l'ais', n'est jamais raide,
Quand la cadenc' tranquill' vous aide.

Comprends-moi donc! membr', scie, échines,
Les trois n'doiv' fair' qu'un' seul' máchine.
Faut q'les deux homm', mécaniqu'ment,
S'bàiss' et r'mont' comm' leur instrument!

Je l'sais par moi-même, et j'l'assure...
Que deux anciens qui vont en m'sure,
S'mouvant pareils de haut en bas,
Font d'long' besogne et s'fatig' pas.

Vois, moi, qui suis vieux scieur de long,
Comme j'la pouss' net et d'aplomb
La scie ! Au lieu q'toi, c'est l'martyre,
De l'air si r'chigné q'tu la tires.

Ton œil toujou' r'levé voudrait
Voir plus vite avancer son trait,
En c'mençant faudrait qu'elle arrive
Déjà dans l'fin bout d'la solive !

A tout coup, tu crach' dans tes mains,
Quand ell' trouve un nœud dans son ch'min ;
Et faut qu'tu jur' et q'tu te r'prennes,
Si peu qu'elle entre et qu'ell' s'engrène !

Scier du sapin t'fait batt' les flancs,
Quand la scie au mou de c'bois blanc
Devrait glisser, sans q'ça t'écœure,
Comme un rasoir dans un pain d'beurre.

Tu s'rais bâti pour le métier,
T'as des bras d'fer, des reins d'acier,
Tandis que moi j'n'ai plus q'l'écorce.
Eh ben ! sais-tu c'qui fait ma force ?

C'est ma patienc' de volonté.
C'est ma scie à moi, l'entêté,
Pour scier l'découragement qui m'pince,

Tell' que l'autre ! à ça près c'pendant,
Que, tout comme elle, ayant des dents,
Quand ell' s'en sert, jamais ell' grince ! »

LE VAGABOND

Tombé, le vagabond qui rampe avec effort,
    S'arrête et gît agonisant
        Dans de la boue,
        Et sur sa joue
    De grosses larmes vont glissant ;
Voilà ce qu'il marmotte avant sa triste mort :

« A jeun, des heur', puis des heur', pieds nus, j'ai marché
    Sous l'orage grondant des cieux
        Couleur de suie,
        Et sous la pluie,
    Et sous l'éclair brûlant mes yeux,
A travers les ajoncs, la ronce et le rocher.

Je n'peux pas plus app'ler que fair' sign' de ma main,
    Et voici que le soir étend

Son drap fantôme
Sus l'bois, sus l'chaume,
Sus l'guéret, l'pacage et l'étang ;
I' n'ya donc plus q'la mort qui pass'ra dans mon ch'min !

Je lutt' cont' le trépas, tel que l'jour à sa fin,
Comm' lui, je m'sens me consumer,
Tremblant, livide.
Mon bissac vide
N'a pas de quoi me ranimer ! »
— Et la nuit, dans les trous, le pauvre est mort de faim.

LE GRAND-PÈRE

La fille au père Pierre, avec ses airs de sainte,
A si bien surveillé son corps fallacieux
Que sa grossesse a pu mentir à tous les yeux ;
Mais son heure a sonné de n'être plus enceinte.

Dans la grand' chambre on dort comme l'eau dans les trous.
Tout à coup, elle geint, crie et se désespère.
On se lève, on apprend la chose. Le grand-père
Continue à ronfler sous son baldaquin roux.

Mais le bruit à la fin l'éveille, et le voilà
Clamant du lit profond d'où sa maigreur s'arrache :
« Pierr', quoi q'ya? - Pèr', ya rin ! - Si ! s'passe un' chos' qu'on m'cache
Et ma p'tit' fill' se plaint!, j' l'entends ben ! quoi qu'elle a? »

— Elle a qu'elle va faire un champi ! — Le bonhomme
Prend son bâton ferré qu'il brandit en disant :
« Dans not' famill' yaura l'déshonneur à présent !
La gueus' ! vous voyez ben tous qu'i' faut que j'l'assomme ! »

Et, solennel, tragique, il marche d'un pas lourd
Jusqu'à la pâle enfant... mais, pendant qu'il tempête,
Tendre, il lève et rabat le gourdin sur sa tête,
Bien doux, frôleusement, d'un geste plein d'amour.

« R'commenc'ras-tu ? fait-ii, ou là, comme un' vipère,
J'te coupe en deux ! j't'écras' la cervell' sur ton drap ! »
    Elle gémit : « Jamais, grand-père ! »

Alors, le jeune frère égrillard qui ricane,
Glapit : « Oh ! q'si fait ben, grand-père, a r'commenc'ra
    Puisqu'elle est chaude comme un' cane ! »

LA MAUVAISE RENCONTRE

Il fait un de ces temps où la sueur vous trempe,
Où l'on est de plomb pour marcher,
Gorge sèche et feu dans les tempes.
Sur le haut d'un petit rocher
Un grand chat noir se tient juché,
Tandis que juste au bas une vipère rampe.

D'où vient ce chat lisse et narquois
Qui n'a pas du tout l'air de vivre dans les bois?
Pourquoi, si tard, cette vipère
N'est-elle pas dans son repaire?

L'une, par sa langue fourchue,
L'autre, par le vert de ses yeux,
Illuminent, mystérieux,
Leur coin de lumière déchue.

Le silence plein de féerie
Parfois est coupé seulement
D'un sarcastique sifflement,
D'une amère miaulerie.

Et, par ce soleil au déclin,
Le reptile et le beau félin
Sont d'une horreur inoubliable.
Il semble qu'en ce lieu discret
Sous deux formes vous apparaît
La personne même du diable !

LES DEUX MENDIANTS

Reprenant leur chemin,
Tête basse, une main
Au sac bossu qu'ils portent,
Dans la cour, comme ils sortent,

Le petit pauvre épais
Lorgne d'un œil mauvais
Le petit monsieur mince
Dont la bouche se pince.

Le vieux s'en aperçoit.
« T'es jaloux ? Ya pas d'quoi !
Fait-il, d'une voix douce :
Entends-l'donc comme i' tousse.

l' cache un sang d'navets
Sous tous ses beaux effets,
Tandis q'toi, sans q'tu triches,

Tu fais rir' vermillons
Tous les trous d'tes haillons,
Ça t'veng' ben d'èt' pas riche ! »

SOIR DE PLUIE

Sur l'eau d'un vitreux mat, vert bouteille foncé,
Des ronds, comme au compas, sont tracés par la pluie,
Chacun d'eux, forme frêle à l'instant même enfuie,
Étant par un semblable aussitôt remplacé.

Et puis, ce ne sont plus que des ombres de cercle,
Des fantômes de ronds toujours plus affaiblis
Sur le moutonnement, les plis et les replis
De l'eau vague où le soir met son brumeux couvercle.

    Cette nuit, la rivière aura
    Tout son malfaisant scélérat
De lianes-serpents, d'herbes qui vous empoignent.

    On sent couver là, sur ce bord,
    Tant d'horreur humide et de mort
Que l'on frémit, pendant que les pas s'en éloignent.

LA MÈRE

En tricotant sous le feuillage
La bonne vieille me disait :
« D'puis l'temps q'mon gars est mort, c'que c'est !
Je m'figur' qu'il est en voyage,

Qu'un soir il est parti ben loin,
Tout env'loppé, jaun' comme un' cire,
Malgré ça, j'pens' qu'i'va m'écrire,
Qu'i' m'sent dans la peine et l'besoin.

Tous les jours, je m'répèt' : C'est d'main,
Qu'i' m'apparaîtra sus mon ch'min,
Qu'i' cogn'ra pour que j'youv' la porte.

L'croir' mort? Non ! j'aim' mieux l'croire ingrat,
M'imaginer qu'i'n'reviendra,
Que lorsqu'à mon tour je s'rai morte ! »

LE BOUCHER

«Tiens? t'es donc plus boucher? dit la vieille au gros homme
    Qui venait de vendre son fonds,
Et lui répondit grave, avec un air profond :
    « Non ! et j'vas vous raconter comme :

    Ah! l'métier était bon ! Mes viandes ?
    Vous savez si ça s'débitait !
    Tell'ment partout on m'réputait
    Que j'pouvais pas fournir aux d'mandes.

    C'est moi-mêm' qu'abattais les bêtes
    Promis' aux crochets d'mon étal,
    Et j'vous crevais comme un brutal
    Les cous, les poitrails et les têtes.

Si j'suis si gros, q'ça m'gên' quand j'bouge,
Si j'ai l'teint si frais, l'corps si gras,
C'est q'par le nez, la bouch', les bras,
Tout l'temps j'pompais vif du sang rouge.

L'animal? c'est pas un' personne...
Que j'me disais ! Pour moi, l'bestiau
C'était qu'un' chos', j'trouvais idiot
D'croir' que ça rêv' ou q'ça raisonne.

Si ça qui grogn', qui bêl', qui beugle,
A l'abattoir s'tenait pas bien,
J'cognais d'sus, ça n'me faisait rien :
J'leur étais aussi sourd qu'aveugle.

D'un coup d'maillet bien à ma pogne
J'défonçais l'crâne d'un vieux bœuf
Comme on cass' la coquill' d'un œuf,
Et j'fredonnais pendant ma b'sogne.

A ceux qui, lorsque l'couteau rentre,
S'lamentaient sur l'ouaill' ou l'cochon,
J'criais : « Ça s'rait plus folichon
D'en avoir un morceau dans l'ventre ! »

22.

Et dans l'trou plein d'sanglante écume
Se r'tournait, creusait mon surin,
Tel qu'un piquet dans un terrain
Où q'l'on veut planter d'la légume.

J'étais ben boucher par nature !
Dam' ! Le coup d'mass' ? ça m'connaissait ;
Et quand mon vieux couteau dép'çait
l' savait trouver la jointure.

Oui ! j'avais la main réussie
Pour mettre un bœuf en quatr' morceaux ;
Vit' se rompaient les plus gros os
Ousque j'faisais grincer ma scie.

Pour détailler d'la viand' qui caille
J'aurais pas craint les plus adroits :
Tous mes coups d'coup'ret, toujours droits,
R'tombaient dans la première entaille.

Jusqu'à c'beau jour d'ensorcell'rie
Ou v'allez savoir c'qui m'advint,
Je m'saoulais d'sang tout comm' de vin
Et j'm'acharnais à la tuerie.

Donc, un' fois, on m'amène un' vache
Ben qu'âgée encor forte en lait,
Noire et blanche, et voilà qu'em' plait,
Que j'la conserve et que j'm'yattache.

J'la soignais si tell'ment la vieille
Que m'voir la faisait s'déranger
D'ses song' et mêm' de son manger,
Qu'elle en dod'linait des oreilles ;

Quand em'rencontrait, tout' follette,
Ben vite, elle obliquait d'son ch'min
Pour venir me râper la main
Avec sa lang' bleue et violette ;

Mes aut' vach' en étaient jalouses
Lorsque mes ongl' y grattaient l'flanc
Ou qu'ent' ses corn' noir' au bout blanc
J'y chatouillais l'front sur les p'louses.

Mais un jour, un' mauvaise affaire
Veut qu'ell' tombe, y voyant pas fin,
A pic, sus l'talus d'un ravin,
Et qu'es' casse un' patt' ! Quoi en faire ?...

Ell' pouvait ben marcher sur quatre
Mais sur trois... y'avait plus moyen !
Mèm' pour elle, il le fallait ben ;
Ell' souffrait : valait mieux l'abattre !

Pour vous en finir, je l'emmène...
J'avais renvoyé ceux d'chez nous.
Mais, v'là qu'ell' tomb' sur les deux g'noux,
Avec des yeux d'figure humaine.

Bon Dieu ! j'prends mon maillet sur l'heure,
J'vis' mon coup, et j'allais l'lâcher...
Quand j'vois la vach' qui vient m'lécher
En mêm' temps q'ses deux gros yeux pleurent.

L'maillet fut bentôt sur la table,
J'app'lai tous mes gens et j'leur dis :
Faut pas la tuer ! j'serions maudits !
Et j'fus la r'conduire à l'étable.

La vache ? un r'bouteux l'a guérie.
A la maison j'y ai fait un sort,
Elle y mourra de sa bonn' mort,
Et, moi, j'f'rai plus jamais d'bouch'rie. »

— La vieille dit : « V'là c'que ça prouve :
C'est q'chez l'âm' des plus cruell' gens,
Dans les métiers les plus méchants,
Tôt ou tard la pitié se r'trouve.

Crois-moi! c'te chos'? tu n'l'as pas vue,
Quand mêm' que tu peux l'certifier.
C'est ton bon cœur qui fut l'sorcier,
C'est lui qui t'donna la berlue. »

LA CHÂTAIGNERAIE

Gloire à cette rencontre, en ces fonds de la Marche,
Surgissant, après tant de tours et contremarches,
D'une châtaigneraie, immense, en vétusté,
Comblant tout un ravin de son énormité !

Vivent ces châtaigniers, monstres et patriarches,
Lugubres frères noirs en la difformité,
Horrifiant l'endroit par la solennité,
Le morne, et le croulant de leurs rameaux en arches !

Grave, tombe au sol frais leur grande ombre qui marche
Sur des cèpes suintant leur venin fermenté.
Vivent ces châtaigniers, monstres et patriarches,
Lugubres frères noirs en la difformité !

Leurs troncs où les renflés d'écorce font des marches,
Moussus, ont pour l'orfraie un escalier ouaté,
Et la sifflante bête, à la torse démarche,
Trouve, en leur gros pied cave, abri, sécurité.
Vivent ces châtaigniers, monstres et patriarches !

L'ANCIEN SOLDAT

Indépendant d'instinct, d'esprit, d'âme et de fibre
Et rendu toujours plus jugeur sain, penseur libre,
Par son métier rôdant de pêcheur-braconnier,
Le vieil ancien soldat, franc comme son visage,
Évoquait devant moi ce souvenir guerrier
Qu'il concluait ainsi de façon simple et sage :

« Des marécag' de sang qui s'fige et qui s'grumelle
Où q'l'on voit dans des coins, noirs comm' du jus d'fumier,
Avec des bouts d'entraill' et des éclats d'cervelle,
Des cadav' en morceaux et d'autr' dans leur entier ;

Chefs, soldats, jeun's et vieux, les géants, les minimes,
Tous en figur' de cire et barbouillés d'caillots ;
Des Turcos s'finissant qui grincent comm' des limes,
Montrant leur ventr' qui bâille en perdant ses boyaux ;

Corps d'hussards ench'vêtrés à des cadav' de zouaves;
Des pêl'-mêl' d'homm' et d'arm', de bagag' et d'fourgons;
D'la ch'valin' roug' de sang et tout' mousseus' de bave,
S'plaignant, par tas serrés, sous des meul' de dragons;

Des cous d'décapités qui pench' leur moignon rouge
Sur des énorm' boulets qu'ont l'air de les railler;
Des mulets ruant encor sur des blessés qui bougent
En v'lant prendre au hasard des morts pour oreiller;

Casques pleins d'terre et d'sang, de ch'veux et d'morceaux d'crâne;
Tambours crevés, clairons tordus comm' des serpents;
Des mourants qui font peur malgré qu'i'sont l'air crâne
Avec les doigts coupés, l'œil vid', la cuiss' qui pend;

Sous des gross' mouch' de viand' qui s'appell' et s'rassemblent,
Verminant leur voltige à tourbillons mêlés,
Des grands monceaux qui r'muent, qui s'soulèv', qui tremblent,
D'où sort des voix d'cavern', des gémiss'ments râlés :

V'là c'que j'ai toujours vu sur tous les champs d'bataille!
Sans parler d'la puanteur qui m'en donne encor froid...
Et des band' de corbeaux qui s'gorgent les entrailles
De tout c'mond' pourrissant par le capric' des rois.

Pour qui réfléchit, sans la politique,
Avec son cœur et sa raison,
Au nom d'la conscienc' qui n'pratique
Q'la bonn' justice en tout' saison,

L'pourquoi d'la guerre, allez! c'est un sacré problème.
Ces gens-là m'en veul't'-i'? Null'ment.
Moi j'leur en veux pas pareill'ment :
Ça n'fait rien! on doit s'batt' quand même.

J'm'ai dit : « D'où q'vienn' l'attaq'? la v'là! faut ben s'défendre.
Mais, toujours en avant j'ai marché sans comprendre.
J'ai fait mon d'voir, soumis aux chefs comme au danger ;
Tel qu'on l'faisait cont' moi, j'ai tiré, j'ai chargé ;
D'mes yeux clairs, dans c'temps-là, qu'avaient la voyanc' nette,
A ceux homm' étrangers j'leur ai pointé l'trépas.
Mais, j'm'excusais d'mes meurt' en r'grettant d'avoir pas
Au droit d'mon coup d'fusil, face à ma baïonnette,
En plac' de ceux victim' innocent', tous les m'neurs
Coupab' d'occasionner d'aussi sanglant's horreurs,
Seuls auteurs responsab' si des milliers d'pauv's êtres
D'loin ou d'près, corps à corps, s'assassin' sans s'connaître,
Tandis qu'eux aut's, la caus' de tant d'massac' et d'morts,
Meur' dans leur lit sans mal, et, qui sait? p't-êt' sans r'mords!

Par tous les parents, dans tous les pays,
  La guerre est maudite autant que j'l'haïs.
Consultez donc les sœurs, les épouses, les mères,
  Et vous verrez q'yaura plus d'guerres.
Ou, si c'est vrai q'les homm' peuv' pas s'en empêcher,
Q'les bataill' sont pour eux un besoin d'leur engeance,
Qu'i's élèv' leur famill', froid'ment, sans s'yattacher,
Puisqu'au carnag' la fleur en est promis' d'avance!

  Mais, ça n'm'est pas prouvé du tout
Q'les gens civilisés s'batt' pa'c'que c'est d'leur goût,
Pour voler chez l'voisin ou par c'te drôl' d'idée
Q'l'humanité pouss' trop, q'faut qu'ell' soit émondée,
Maint'nue en équilib', juste ent' le trop et l'guère,
  Par les sécateurs de la guerre.
Comm' si, pour tous les homm', sur terr' yavait pas d'quoi
  Aller et v'nir, s' bâtir un toit,
  Boire et manger à son envie;
  Comm' si, les défunts balançant
  Toujours à peu près les naissants,
La mort tout' naturell' ne m'surait pas la vie.

  J' croirais plutôt, depuis des siècl' déjà
    Où tant d'mond' partout s'égorgea,
Q'les gens pris un par un qu'on s'rait v'nu consulter
Auraient dit: « J'veux la paix! » sans trop longtemps s'tâter,

Et q'chacun dans leurs plain'. dans leurs montagn', leurs Iles,
Les peupl' n'auraient d'mandé qu'à rester ben tranquilles.

  C'est beau d'mourir pour la patrie !
  Mais ça c's'rait plus beau, ces tueries
Un' bonn' fois faisant place à la fraternité,
  D'mourir pour tout' l'humanité,
Tué, non par ses semblab', mais par l'hasard des choses
Qui s'dout' pas, ell' au moins, des morts dont ell' sont cause !
Allons ! j'souhait' qu'enfin libr' et ben à l'unisson,
D'l'un à l'aut', tous les peupl' pens' comm' moi cont' la guerre,
Qu'en fait d'coup', de massacr' et d'gis'ments sur la terre
I' n'yait plus q'ceux des foins, des arb' et des moissons ! »

LES TOURTES

« Maint'nant, dans les auberg', i' n'veul' plus q'du pain d'riches,
En couronn', comme en flût', de tout' manière... eh bien!
L'pain d'seigle et d'pur froment, quoiqu'i' dis', voilà l'mien !
Pour en manger mon saoul, j'leur laiss'rais tout' leurs miches.

Ah ! les tourt' qu'on faisait cheux nous, quand j'étais p'tit !
D'bout, en rang dans l'barreau, sous la poutre en fumée,
Haut' comm' des roues d'voitur'! d'une odeur parfumée
Qui régalait vot' nez, vous donnait d'l'appétit !

J'les vois toujours bien rond', épaiss' dans leur grand' taille,
L'dessus brun, bombé, rud', fariné par endroits,
L'dessous gris, poudré d'son et de hachur' de paille...

Et j'pleur' des larm' quand j'pense à ceux bonn' tranch', pas courtes,
Qu'avec nos gros couteaux qu'on t'nait, ferme, à pleins doigts,
On s'coupait en travers, d'un bout à l'aut', des tourtes! »

L'ENFANT EMBOURBÉ

Il marche. — Le soir vient sournois
Dans la grande plaine de vase
Dont les hôtes, en tapinois,
Se décroupissent de l'extase.

Et, tous ces mystères de voix
Confondent leurs horribles phrases.
Sanglant, le soleil se rembrase,
Puis meurt. Il fait un noir de poix.

Et, dans ces trous que son pied rase,
L'enfant se perd, hurlant d'effroi :
Car il sent — mou, plat, grouillant, froid —
Monter vers lui ce qu'il écrase
Dans la grande plaine de vase.

LA RONCE ET LE SERPENT

Foisonnantes, couvant des venins séculaires
Dans ce marécageux semis d'herbe et de rocs,
Les ronces, par fouillis épais comme des blocs,
Embusquaient sourdement leurs dards triangulaires.

Ah certe! Elles guettaient si bien l'occasion
Du Mal, si scélérate épiait leur adresse,
Que l'accrochant éclair de leurs griffes traîtresses
Fut plus subtil encor que ma précaution.

J'enrageais! Quand mon pied heurte un serpent... la bête
Aurait pu se venger? elle écarta la tête,
    Et s'enfuit d'un train plus rampant.

Allons! que ton humeur à présent se défronce,
Me dis-je! — Et, j'oubliai pour un si doux serpent
    La méchanceté de la ronce.

LE VIEUX FUMEUR

— « Alors, vous avez confiance
Dans les effets du tab   — Oui! »
Dit le vieil homme épanoui.
Tout goguenard d'insouciance.
— « Ah! ça fait si bonne alliance
Chasse et tabac! ça m'a produit
De tuer mon lièvre aujourd'hui.
Croyez-en mon expérience :
Tâcher d'acquérir l'oubliance
Du méchant regret qui vous cuit :
Jamais ne donner audience
Qu'au sentimemt qui vous séduit ;
Toujours rester sourd à celui
Grognant tristesse ou malveillance ;
Amuser partout jour et nuit
Du mieux qu'on peut le temps qui fuit :
C'est la véritable science.
Au tabac pour ça j'ai croyance!...
Un souci grave me poursuit ?...

J'en fume une... Insigniflance!
Pas trop n'en faut de clairvoyance :
La pensée use et vous conduit
A l'envie, à la méfiance.
Ma bouffarde est un bon étui
Où je visse ma conscience.
On dit que le tabac me nuit...
Eh! que m'importe? si, par lui,
J'aspire un peu de patience
Et rejette beaucoup d'ennui
Jusqu'à la mort qui nous enfouit
Dans l'éternelle sommeillance! »
— Ainsi parla le père Louis
Fixant sur les miens éblouis
Ses deux yeux flambants bleu faïence.

LES TROIS BÈGUES

Ici Pierre, François et le facteur Roland,
En bégaiement, pouvaient s'appeler co... collègues,
Et, c'était d'un comique ultra-désopilant
Quand une occasion rassemblait les trois bègues.

Un jour, notre facteur, un gaillard sec et haut,
Entra de son pas lourd chez les gens du domaine
Et dit, parlant très fort, mais avec quelle peine !
« Sa... salut ! cré... cré... cré mâtin ! qu'i'... qu'i' fait chaud ! »

Pierre, les yeux sortis, rouge, et s'enflant le cou,
Flûta : « fa... fa... facteur, bu... buvez donc un coup... »
Et François, dans son coin, sifflant comme la bise,

Accoucha de ces mots, moins émis que bavés :
« Si... si... j'étais facteur, eh ben ! vous sa... savez,
Je... je... mou... mouillerais ma... ma... che... che... chemise ! »

LE FOSSOYEUR

Le fossoyeur-bedeau
Se fait toujours attendre...
Les porteurs vont reprendre
Leur funèbre fardeau.

En soufflant ses grands cierges
L'officiant se dit :
« Mon sacristain maudit
Court encor les auberges ! »

Enfin, on s'achemine
Au cimetière, et là
Riant tout fort, voilà
Chacun changeant sa mine.

Car, une voix sereine,
Avec l'accent gouailleur,
Celle du fossoyeur,
Monte et dit, souterraine :

« C'te nuit, un coup d'boisson
M'a fait perd' la raison ;
Comm' j'étais dans la place
J'ai réchauffé la glace.

Vos *libera*, quoiq' saoul,
J'les entends ben d'mon trou :
Que l'bon Dieu les exauce !

Pauv' mort ! t'attends ta fosse?
Tu l'auras ! laisse avant
S'désenterrer l'vivant ! »

LA BAIGNEUSE

Le temps chauffe, ardent, radieux ;
Le sol brûle comme une tôle
Dans un four. Nul oiseau ne piaule,
Tout l'air vibre silencieux...
Si bien que la bergère a confié son rôle
A son chien noir aussi bon qu'il est vieux.

Posant son tricot et sa gaule,
Elle ôte, à mouvements frileux,
Robe, chemise, et longs bas bleus :
Sa nudité sort de sa geôle.
Tout d'abord, devant l'onde aux chatoiements vitreux
Elle garde un maintien peureux,
Mais enfin, la chaleur l'enjôle,
Elle fait un pas et puis deux...
Mais si l'endroit est hasardeux ?
Si l'eau verte que son pied frôle
Allait soudainement lui dépasser l'épaule ?

Mieux vaut se rhabiller! mais avant, sous un saule,
D'un air confus et curieux,
Elle se regarde à pleins yeux
Dans ce miroir mouvant et drôle.

LE BRACONNIER

Contre sa jambe, à plat, collant sa canardière,
Voûtant son maigre buste au veston de droguet,
Silencieux glisseur, l'œil et l'oreille au guet,
Il longe un des plus creux dormants de la rivière,

Lorsqu'en face du bois surgit, brusque, un gendarme
Et puis un autre encore avec le brigadier.
« A trois vous n'm'aurez pas ! ouf ! mon outil l'premier ! »
Dit l'homme qui, d'un bond, dans l'onde suit son arme.

D'un nagement de loutre il file entre deux eaux,
Atteint la berge, et, là, debout dans les roseaux,
Aux trois stupéfiés d'en face, alors il crie :

« Eh ben ! vous avez vu que je n'plong' pas qu'un peu.
Je r'pêch'rai mon fusil lequel, moyennant Dieu,
F'ra du service encor... bonsoir la gendarm'rie ! »

LA MENDIANTE

Bissac vide, et pas un petit sou dans les poches,
La mendiante, au soir, traîne un pas de crapaud,
Comme un fantôme lent sous son mauvais capot
Que, de chaque côté, vont tirochant ses mioches.

Et puis, tout s'enténèbre. Elle tremble effarée ;
Ses petits, s'envasant, s'accrochent à ses bras,
Et, dans l'obscur opaque, au sein du limon gras,
L'horreur suprême étreint la famille égarée.

Soudain, l'ombre s'entr'ouvre aux glissantes lueurs
De la lune. La mère a souri dans ses pleurs
    Au bon astre livide et jaune...

Et dit : « Personn' n' nous fut pitoyable aujourd'hui !
C'est p'têt' pour ça q' la lun', dans l' si noir de la nuit,
    D'un bout d' clarté nous fait l'aumône. »

LA VEUVE

Hélas oui ! longtemps, son malheur
Lui fut prédit par ses alarmes.
Mais, par ce temps ensorceleur
De bruine dans la chaleur,
Elle pose un peu sa douleur
Comme un soldat pose ses armes.
De l'azur moite il pleut des charmes !
L'arc-en-ciel étend ses couleurs
Sur la molle extase des fleurs,
De l'eau, des frênes, et des charmes.
Et, tendrement, aux longs vacarmes
Des oiseaux plaintifs et siffleurs,
La veuve sourit dans les pleurs
Au soleil qui luit dans les larmes.

LE BON CURÉ

Le fossoyeur me dit : « Cert'! je n'suis pas dévot.
Mes sentiments là-d'sus sont quasiment les vôtres,
Ça n'empêch' que, comm'vous, j'ai le m'surag' qu'i' faut,
Et que j'sais rend' justice aux prêtr' tout comme aux autres.

On avait d'la r'ligion naguère!
La faute à qui si c'est perdu?
J'm'en dout'! mais j'sais q'pour êtr' bien vu,
Comm' not' curé, yen n'a pas guère.

C'est pas un palot d'presbytère.
C'est un fort rougeaud qu'aim' le vin;
C'qui prouv' que s'i' tient au divin
I' n'mépris' pas non plus la terre.

I' faut deux homm' dans un' commune :
L'mair' qui doit toujours, à ses frais,
Aller, v'nir pour nos intérêts,
Fair' les act' de chacun, d'chacune.

Puis un autr', not' cœur en plus bon,
Qui jamais n'accuse et n'maudisse,
Ayant plus d'pardon que d'justice,
Et mêm' plus d'oubli que d'pardon.

Eh ben ! lui, sans bruit, sans éclat,
Doux, simpl' comm' l'enfant qui vient d'naître,
Not' curé qui reste homm' sous l'prêtre,
De tous points, c'est c'te conscienc'-là !

La politique et les familles
I' les laiss' fair', s'en occup' pas.
C'est pas lui qui défend aux gars
D'boir' ni d'danser avec les filles.

Ses manièr' ma foi ! sont les nôtres,
En plus civilisé, plus doux,
C'est censément un comm' nous autres
Qu'aurait son âm' meilleur' que nous.

Qu'on n'lui caus' pas ou qu'on lui cause,
Croyez pas c'qui prêch', croyez-y,
Il est vot' ami, sic ainsi,
I' vous oblig'ra la mêm' chose.

Ni son gest', ni son œil vous couvent.
C'est l'homm' natur', ni sucr', ni miel,
Pas plus qu'i' n'est vinaigr', ni fiel,
C'est toujours simple et net qu'on l'trouve.

Démarch' d'aspic ou d'écrevisse,
Manèg' soupl', finassier, adroit?
C'est pas son affaire ! I' march' droit
Et pens' tout uniment sans vice.

Il a beau n'pas fair' de promesse,
On peut toujours compter sur lui.
Pour rend' service, en plein minuit,
Toujours prêt, comm' pour dir' sa messe.

I'dit, pour excuser les hommes,
Qu'ya des crim' qui vienn' de not' sang,
Et q'sans les Esprits malfaisants
On s'rait pas si mauvais q' nous sommes.

C'lui-là ! c'est l'plus vrai des apôtres :
Pas seul'ment i' l'parle et l'écrit,
Mais i' l'pratiq' comm' Jésus-Christ
Son *aimez-vous les uns les autres !*

La ment'rie est pas un' ressource
Pour ce cœur qui, n'pensant pas d'mal,
R'luit si clair dans son œil égal,
Comm' du sable au carreau d'un' source.

Sans jamais rien qui vous accroche
Dans son air qu'est toujours pareil,
D'la main, d'la bourse, et du conseil,
I' vous aide, et jamais d'reproche !

I' nous aim' ben tous, en ayant
Pour les pauv' plus d'sollicitude,
Comm' font les bonn' mèr', d'habitude,
Pour leur petit qu'est l'moins vaillant.

L'méchant journalier qui bricole,
Pâtr', braconniers, lui tend' la main.
I' rit, d'vient enfant, par les ch'mins,
Avec les p'tits garçons d'l'école.

A tous ceux passants d'mauvais' mine
I' caus', donn' de bons expédients,
Trait' les ch'mineaux, couch' les mendiants,
Sans peur du vol et d'la vermine.

Au r'bours de ses confrèr' pat'lins
I' n'dit pas un' parole amère
A l'épous' trompeuse, aux fill'mères.
I' les s'court autant qu'i' les plaint.

I' n'souhait' pas du malheur aux riches,
Mais, chez eux, i' n'prend pas d'repas,
Avec eux aut' qu'i' n'fréquent' pas
D'ses compliments s'rait plutôt chiche.

Eux ? n'est-c'pas ? i's ont ben d'quoi faire
Avec leur science et leur argent !
Mais l'humb' méprisé, l'indigent,
Et l'simpl' d'esprit : v'là son affaire !

Ça fait qu'on a tell'ment l'désir
De s'racquitter, q'plus d'un qui nie
Assiste à ses cérémonies,
Tout bonn'ment pour lui fair' plaisir.

I' sait q'yen a que l'destin visse
Au mal comme au malheur têtu,
Qu'vaut mieux trop d'compassion du vice
Que trop d'encens'ment d'la vertu.

C'est pour ça qu'i' n'a d'blâme à dire
Que cont' ceux gens secs et railleurs
Qui, s'croyant toujours les meilleurs,
Trouv' toujours q'les aut' sont les pires.

Un cœur, à la longu', laisse un' teinte
Sus l'vôt', soit en mal, soit en bien.
Ceux qu'ont l'bonheur d'battr' près du sien
Un jour ou l'aut' prenn' son empreinte.

C'est pas c'qui nous dit dans son temple
Qui nous rend plus just' et moins r'tors.
C'est l'brave homm' qu'il est au dehors
Qui nous touch' par son bel exemple.

C't'homm' noir qu'est bâti d'not' argile
I' nous donn' plus d'moralité
Avec les act' de sa bonté
Qu'avec ses lectur' d'évangile.

Pour finir, v'lez-vous que j'vous dise ?
A partir du jour d'aujourd'hui,
Q'tous les curés soient tels que lui...
Faudra ragrandir les églises ! »

FORÊT BRULÉE

On voit ce grand fond de vallée
Fuligineux sous les cieux ronds :
Là, terrain, herbes, rameaux, troncs,
Toute une forêt fut brûlée !

D'elle, si verte et si peuplée,
Qui, si fière, portait son front,
Narguait le vent, raillait l'affront
Du tonnerre et de la gelée,

Il reste la place... raclée,
Croupissante et noire, meublée
D'un seul arbre, cuit tout de bon :
Un paysage de charbon
Dans un gouffre de la vallée !

LE DICTAME

Ruminant au logis tout un passé funèbre
Où des ferments aigris de haine et de remord
Joignaient leur goût de fiel à des saveurs de mort,
J'entrais dans cette horreur où l'esprit s'enténèbre.

Quel qu'il fût, l'être humain, rien qu'avec sa présence
M'évoquant tant de mal que j'ai souffert par lui,
M'aurait envenimé. Contre un si noir ennui
Ma révolte grinçait de son insuffisance.

A la fin, je m'enfuis, je courus les vallées :
La paix de la lumière et de l'ombre mêlées
Noyait troupeau, feuillage, aux creux, sur les penchants ;

Et, guéri comme par un magique dictame,
Je compris, ce jour-là, que le calme des champs
Ramène à leur néant les chimères de l'âme.

LA RIEUSE

Ses rires grands ouverts qui si crânement mordent
Sur le fond taciturne et murmurant des prés,
Sont métalliques, frais, liquides, susurrés,
Aux pépiements d'oiseaux ressemblent et s'accordent.

Excités par la danse, ils se gonflent, débordent
En cascades de cris tumultueux, serrés,
De hoquets glougloutants, fous et démesurés,
Qui la virent, la plient, la soulèvent, la tordent.

On la surnomme la Rieuse.
La santé la fait si joyeuse
Qu'elle vit sa pensée en ses beaux yeux ardents ;

Som âme chante tout entière
Dans sa musique coutumière,
Sur le robuste émail de ses trente-deux dents.

— « Est-elle heureuse ! » — mais, la triste expérience
   Vous chuchote sa méfiance :
« Ici-bas, tout bonheur est court.
Le ver, comme disent les vieilles,
Couve aux pommes les plus vermeilles.
Tôt ou tard, elle aura son tour
Dans la tristesse. Quelque jour,
Elle ira, funèbre et chagrine,
Au long des bois, au bord de l'eau.
Alors, ce sera le sanglot
Qui contractera sa poitrine.
Au lieu de leurs pimpants vacarmes,
Sur ses lèvres viendront croupir
Le silence du long soupir,
Le sel âcre et brûlant des larmes.
Car, ainsi va notre destin :
L'illusion flambe et s'éteint.
Après l'innocence ravie
Le Mal enlacé du remord !
Et l'épouvante de la mort
Après l'ivresse de la vie ! »

LE VIEUX PÊCHEUR

Au fil de l'eau coulant sans bruit,
Triste et beau comme un vieux monarque,
Perche en main, debout dans sa barque,
Le pêcheur aspirait la nuit.

Son extase mal contenue
Rivait, pleins de larmes, ses yeux
Au grand miroir mystérieux
Où tremblait l'ombre de la nue.

L'astre pur, à frissons follets,
Jetait prodigue ses reflets
A cette transparence brune ;

J'entendis l'homme chuchoter :
« C'te nuit ! fait-i' bon d'exister !
Pour voir l'eau s'ens'mencer d'la lune. »

VERS L'ENCAVEMENT

Le cadavre du grand cheval
Traîné par deux bœufs, dans la nuit,
Racle et bat les pierres du val,
Épine et broussaille après lui.

Roide, en ce bas-fond sépulcral,
Va squelette, d'horreur enduit,
Le cadavre du grand cheval
Traîné par deux bœufs, dans la nuit.

Un falot, dansant, fantomal,
Comme un feu follet, le conduit,
Et, d'arbre en arbre, un hibou suit
De son cri strident et fatal
Le cadavre du grand cheval.

LES AMANTS CHARBONNIERS

La femme ? une enfant presque, et le mari ? plus vieux.
Mais, tous deux, courts, et roux de chevelures, d'yeux,
Présentant l'un de l'autre à peu près même image,
S'appareillaient. L'amour les rendait du même âge.

Ces charbonniers des bois, visage et mains noircis,
S'adoraient, travaillant, marchant, debout, assis,
Du regard, du sourire, échangeaient leur tendresse,
Et leur silence encore était une caresse.

Mais on m'apprend qu'ils sont « père et fill' ! non époux. »
Je me l'explique alors cet amour fauve et doux,
Cher tyran qui leur fait oublier tout le reste,

Double, en sa monstrueuse et simple énormité,
Du grand rut éternel aveugle de l'inceste
Et du plus pur instinct de notre humanité !

FIN D'HIVER

Par ce temps si bénin, après tant de froidure,
Dans les grands terrains gris, sur les coteaux chenus,
On a l'impression parmi ces arbres nus
D'un très beau jour d'été sans fleurs et sans verdure.

Les pieds ne glissent plus sur la terre moins dure
Où les feux du soleil, presque tous revenus,
Allument cailloux, rocs, sable et gazons menus.
Dans l'atmosphère souffle un vent tiède qui dure.

  Et çà et là — près d'un marais,
  D'un taillis, d'un pacage, auprès
  D'un ruisseau bordé de vieux aunes,

  Le printemps s'annonce à vos yeux
  Avec le vol silencieux
  De beaux petits papillons jaunes.

LE DONJON

I

Contre l'écroulement sa ruine se cabre.
Il se dresse au-dessus des rocs, des sauvageons,
Lugubre, noir, vert fauve, et couleur fleur d'ajoncs,
Vengé par son orgueil du Temps qui le délabre.
Autour, dort un étang dont le reptile glabre
Fend parfois le croupi de son brusque plongeon ;
Seuls, faucheux, rats, hiboux, moisissure en bourgeons,
Habitent son dedans crasseux comme saint Labre ;
Sauf une chambre, tout est vide en ce donjon.
Mais, entre ces hauts murs, d'un rouge de cinabre,
Où le massacre, il semble, a mis son badigeon,
En face d'un portrait dont le regard vous sabre,
Au vent coulis pleureur bougeant comme des joncs,
Hideuses, pendent là trois robes blanc macabre,
Côte à côte, aux bras d'un monstrueux candélabre.

II

« Un jour, me dit un vieux braconnier de banlieue,
Par un temps où, des fois, la nue ardente et bleue
Goutt'lait sus les feuill' cuit' avec de lourds tac tac,
Je m'trouvai d'vant c'donjon qui fermait un cul d'sac.
J'entrai l'voir aux cris gais d'l'hirondelle et d'l'hoch' queue
Qui, d'pierraill' en roseaux, volaient sus l'rond du lac;
Mais, quoiq' ça fut l'plein jour, et q'mon fidèl' chien Black
Près d'moi, tournât, virât, en frétillant d'la queue,
Quand j'vis ceux trois r'venants pendus, j'eus un tel trac
Que j'me crus égaré loin... loin... à plus d'cent lieues,
Enfermé dans la tour d'un château d'Barbe-bleue! »

L'ÉGLISE ABANDONNÉE

Au soleil bas, l'église a saigné derechef ;
Puis, sa clarté se perd, se rencogne, s'élague,
Et l'ombre, par degrés, de ses rampantes vagues,
Envahit voûte, murs, pavés, le chœur, la nef.
Le jour des coins, des trous ? les ténèbres le draguent
Le mystère et la mort triomphent dans leur fief.
Mais, au vitrail fendu, là-bas, en forme d'F,
La lune luit, soudain, ronde comme une bague ;
On revoit, morne, aux pieds du Christ penchant son chef,
Tout percé par les clous, par la lance et la dague,
La Madone exhalant son chagrin qui divague ;
Puis, plus loin, renfrogné, sous un grand bas-relief,
Juste dans le tremblant de la lueur qui vague,
Un maigre saint Bruno ruminant un grief,
Et, dans sa niche, en face, un bon vieux saint Joseph
Qui joint ses longues mains et sourit d'un air vague.

LE SOUFFLET

« C'est la solitude infinie
Ici chez vous, père Grelet !
Pas même un chat pour compagnie ? »
— « Ma foi non ! mais, j'ai mon soufflet.

Il a des bras comme un' charrue
Et des pectoraux comme un bœuf.
J'l'ai vu toujours, i' n'est pas neuf.
Hein ? quell' taille et quell' min' bourrue !

Dam ! c'est pas mignon comm' les vôtres.
Son fer, ses clous, son cuir, son bois,
Ayant vieilli tous à la fois
Sont aussi noirs les uns q'les autres.

Si l'ennui m'prend trop dans mon coin
J'souffle avec, sans q'ça soit d'besoin.
Du bout, dans les charbons j'tisonne.

Et quand j'm'en sers plus, qu'i' s'tient coi,
J'aime à l'avoir couché sur moi.
Mon soufflet m'tient lieu d'un' personne !

A son vieux clou c'est lui qui m'garde.
Ent' mes ch'nets, j'm'assoupis un peu...
J'm'éveille... et j'vois au clair du feu :
Sa grand' forme en cœur qui me r'garde !

L'tenant l'dernier d'la maisonnée
J'crois frôler les mains et les g'noux
D'tous les chers en allés d'cheux nous
Qui l'fir' marcher d'vant c'te ch'minée ! »

L'INDIGNÉ

Sur la place, entouré des gros bonnets du bourg,
Écoutant l'œil figé, bras pendants, bouche ouverte,
Un gars qu'un bégaiement, par instants, déconcerte,
    Lit tout haut le journal du jour.

Il s'agit d'un ménage ayant tué son fieu,
D'affreux parents maudits de la nature,
Lents assassins, brûleurs à petit feu,
Ayant sur leur enfant détaillé la torture.

La lecture finie, il passe en l'assistance
Comme un sourd grincement de haine... et, résumant
L'indigné coléreux du commun sentiment,
Le grand charron noueux dit d'un ton de sentence :

« J'suis pas méchant! pourtant, j'sais pas d'quoi j's'rais capable
    Cont' ces gens-là! je m'charge d'eux!
    Qu'on m'les amèn' là tous les deux!

J'les us'rai sur ma meule en c'mençant par les pieds!
    Et leurs crim' ne s'ront pas expiés,
Tant l'bourreau d'un enfant reste à jamais coupable! »

L'HEURE BIENFAISANTE

La Tristesse enfin devient bonne
Quand l'ombre efface le passant
Qui, sans vouloir être blessant,
D'un regard crochu vous harponne.

Dans le mystère de ces chants
Et de ces murmures des champs,
Dans ce silence qui marmonne,
La Tristesse enfin devient bonne.

Puis, de ses ors, de ses argents,
Le soir pompeux vous environne,
Par degrés, le lointain charbonne,
Les arbres ont des airs touchants,
On voit aux creux, sur les penchants,
Un brouillard qui les vermillonne;
D'attendrissement on frissonne :
Dans celle des soleils couchants
La Tristesse devient si bonne !

LES APAISEURS

Le silence et la solitude,
Les ténèbres et le secret
Sont les apaiseurs du regret,
Du doute et de l'inquiétude.
A creuser le songe on n'extrait
Que l'ironique incertitude.
Le monde, un moment, vous distrait
Avec sa folle multitude,
Mais, lorsqu'on en a fait l'étude,
On en retrouve le portrait
Dans sa propre vicissitude.
Au contraire, univers discret,
Sans mensonge, sans turpitude,
La nature a tant d'intérêt,
De grâce, de sollicitude
Dans ses détails, son amplitude,
Que l'on s'oublie à son attrait.
La tristesse, au creux d'un guéret,
Devient de la bonne hébétude,

Et le vol d'un chardonneret
Vous remplit de mansuétude.
On vieillit comme une forêt
Sans guetter sa décrépitude,
Et l'on trouve son mal moins rude,
Très douce, la mort apparaît,
Quand, par volontaire habitude,
On cherche l'ombre et le secret,
Le silence et la solitude.

LA MORT AU PRINTEMPS

I

La nature, au printemps, semble par sa féerie
Glorifier tous les trépas qu'elle a conçus.
Passe un enterrement? elle répand dessus
Son parfum, sa musique et sa grâce fleurie.

On dirait qu'elle veut que chaque arbre sourie
Aux mignonnets cercueils des tout petits Jésus,
Que ces panaches, d'ombre et de vapeur tissus,
Célèbrent la candeur de leur âme inflétrie.

Alors, son beau soleil qui fait pâlir les cierges,
Nimbant aux chemins creux les convois blancs des vierges,
Elle fond ses couleurs à celles de leur mort.

Et leurs bières, hélas! si roides et si closes,
Harmonieusement, passent dans le décor
Des cerisiers neigeux et des pommiers tout roses.

PITIÉ DES PÂQUERETTES

Les marguerites de la haie
Entourent, pleines de pitié,
L'aspic que tronçonne à moitié
Une sanglante et large plaie.

Toutes, par ce soleil brûlant,
Ont voulu lui venir en aide
Et lui procurer le remède
De leur petit ombrage blanc.

Contre la mouche qui voltige,
Chacune cherche à l'abriter,
Tâchant de le réconforter
Par la caresse de sa tige ;

On dirait qu'au pied du talus,
Malgré l'herbe qui les accroche,
L'une de l'autre se rapproche
Pour le cacher encore plus.

Une espèce de frisson tendre
Agite leur groupe inquiet
Devant l'aspic, râlant muet,
A qui la mort se fait attendre.

Comme pour les remercier
Il lève un peu sa tête plate,
Se crispe un instant, se dilate,
Et cesse de se tortiller.

Il va devenir la pâture
Des nécrophores du coteau
Et les pâquerettes bientôt,
Sécheront sur sa pourriture.

LA PRIÈRE DU SILENCE

Ici jonc, coudrier, viorne,
Enfants du roc et du marais,
Sont les côtoyeurs toujours frais
De leur rivière lente et morne.

Or, voici qu'en forme de corne,
Du haut des penchantes forêts,
La lune, verte tout exprès,
D'un nimbe émeraudé les orne.

Un petit vent mystérieux
Traverse d'un frisson pieux
Le brin d'herbe, l'onde et la feuille.

Mais tout se tait à l'unisson :
Et c'est la nocturne oraison
Du silence qui se recueille.

L'ÉTERNITÉ

On guette dans la multitude
La fuite de tous ses instants.
Au contraire, on fige le temps
En pratiquant la solitude.

A constamment voir le tableau
Du monotone Impérissable,
On vit l'herbe, le grain de sable,
Le rocher, le nuage et l'eau.

L'âge vient à si petits pas
Qu'il semble qu'on n'assiste pas
A ses lentes métamorphoses :

Et l'on a pleinement goûté
La saveur de l'Éternité
Lorsque l'on rentre dans les choses.

L'INSTINCT

Heureux l'homme qui se guérit
De la vénéneuse lecture,
Du projet, du songe, et nourrit
Sa pensée avec la nature !

Il sent flotter à l'aventure
Sur les friches de son esprit
L'âme des choses, il sourit
A tout, même à la sépulture !

Oh ! s'échapper enfin des mots,
Rêver comme les animaux,
Ravoir la vision première !

Seulement d'instinct, savourer
La création ! S'enivrer
De l'espace et de la lumière !

LA VRAIE JOIE

Au printemps ramenant sa joie,
Le Juste au cœur tendre et meurtri
Savoure, ivre en dedans, sans cri,
La félicité qui le noie.
Devant ce feuillage nourri
Qui, si frais, tremble et se déploie
Il faut que son espoir aigri
Se réillusionne et croie !
Au bruit du ruisseau qu'il côtoie
Sa raison même s'attendrit,
Le vent qui court, l'eau qui tournoie,
Insecte, oiseau, tout le festoie.
Il régale son corps guéri
De la lumière qui flamboie,
Fraternellement il coudoie
Le vieil arbre désamaigri,
En lui le regret se flétrit,
La sérénité reverdoie ;
Et le soir, au ciel qui rougeoie,

Son rêve extasié sourit,
Blanc des blancs reflets qu'en l'esprit
Sa conscience lui renvoie :
Toute son âme alors fleurit
Dans le paradis de la joie !

LE PHILOSOPHE

C'était un vieux penseur madré,
Un voyant quelque peu lettré,
Ayant en lui la double étoffe
Du poète et du philosophe.

Je fus le voir une journée
Où la bise avait du mordant.
Il chantonnait, la pipe aux dents,
Faisant face à la cheminée.

— « Quel froid de loup ! père Guillaume,
Et que j'aspire au renouveau ! »
— « Pas moi ! J'trouv' ce temps sans défaut.
Puisqu'à c't'heur' mêm', null'ment fantôme,
Sur mon g'nou cassant du fagot,
J'exist' toujours en chair, en os.
Du moment q'j'évit' le royaume
Des taup', ça m'est égal l'hiver :

L'temps où j'y suis c'est l'temps qu'i' m'faut !
Que d'moi qui m'trouv' bien sous mon chaume
L'plus longtemps possibl' la mort chôme !
L'tout ? c'est d'se faire attend' des vers.
Hein ? c'que c'est ! en bas comme en haut,
Jeun's ou vieux, tous les homm', mes frères,
D'mand' à vieillir ! moi, c'est l'contraire.

Si j'pouvais r'prend' mes jours passés
Et r'commencer mon existence,
Oui ! même en sachant tout c'que j'sais,
J'trouv'rais encor ma subsistance
Ben suffisant' pour mon besoin.
Et vivr' pour vivr' dans mon p'tit coin
S'rait pour moi la seule importance.

Expliquez ça ? j'ador' la vie...
Et pourtant, je n'crains pas la mort.
La pent' de l'âg' ? — ainsi veut l'sort —
Faut la descendre un' fois gravie.
M'disant donc : Raison d'plus pour être
Avar' de ces instants si courts,
Malgré que l'destin compt' mes jours,
J'y rends grâc' de m'avoir fait naître.

Comme j'l'entends, dans ma façon,
Vivr'? C'est pas les femm', la boisson,
Les plaisirs à grand' ou p'tit' doses,
Ni d'entasser d'l'or et d'l'argent;
C'est p'tèt' ben d'aimer quéq' brav' gens.
Mais, c'est surtout d'aimer les choses !
C'est d'aimer les pacag', les champs,
Les arb' tortus, droits ou s'penchant,
La roch' que la bruyèr' décore.
De s'plaire à voir l'nuage et l'eau,
Les horizons, cadr' du tableau,
Q'l'auror' blanchit, que l'soleil dore,
Et, tous les soirs, s'ensommeiller,
Et, tous les matins, s'réveiller.
Avec le goût d'les voir encore.

L'long usag' des chos' éternelles
Les rend complaisant' pour mon corps,
Donne à mon esprit c'calme fort
Qu'il lui faut pour penser chez elles.
Donc, de mes organ' et d'mon cœur
Ouverts aux s'crets des solitudes,
J'vis pour moi seul, dans un' longueur,
Dans un' paix sans inquiétude,
A chasser, pêcher, m'ner l'bétail,
A fair', sans presse, avec des trêves,

27.

Tout l'nécessair' de mon travail
Où la Nature met son rêve.
Mon prop' témoin, j'me vois goûter
Mon tranquill' bonheur d'exister.

Je n'vis q'pour vivr'! L'rest' ne m'est rien.
Pour boir' la bell' lumièr' qui vient
Du grand ciel où tant d'fois je r'garde,
Pour m'étend' sous l'ombrage, errer,
Pour sentir, entend', respirer,
Aussi doux q'l'oiseau qui musarde.
Et j'vas mon p'tit bonhomm' de ch'min.
D'mandant jamais d'être au lend'main
Mais souhaitant ben plutôt q'i' r'tarde.

Vrai! les homm' n'ont pas d'réflexion
Ou l'inconséquenc' les habite.
C'est leur vice et leur ambition,
L'projet câlin qui les invite,
C'est l'song' creux q'est vid' comm' le vent
Qui leur fait trouver si souvent
Q'les saisons march' pas assez vite.

Au fond d'leur conscienc' solitaire

Sans s'révolter, ni prend' d'effroi,
Ah! s'ils pouvaient donc voir comm' moi
La têt' de mort dur' sous l'chapeau,
Et le squelett' sec sous la peau!
Au lieu d'se forcer l'caractère,
I's'laiss'raient vivoter lent'ment,
Sans désirs, dans l'seul content'ment
D'être encor' sus l'dessus d'la terre! »

Il se tut, regardant la flamme.
« Merci! lui criai-je, en partant :
Mais, je ne saurais dire, dame!
Si ce joli feu claquetant
M'a réchauffé le corps autant
Que vous m'avez réchauffé l'âme! »

LES CLAIRVOYANTS

« On est pourtant ben faits tous les uns comm' les autres,
Mais, les bourgeois s'croient pas d'la mèm' rac' que la nôtre!
J'vois ça! quand il en passe un cont' moi dans un ch'min :
S'i' m'connaît, il a l'air tout d'mèm' que j'suis humain,
Quoiqu'i' me r'garde avec la même œillad' pas franche
Q's'i' voyait un nid d'guèp' au mitan d'un' gross' branche,
Et quoique l'mot qu'i' m'lâch', par son lanc'ment r'semb' bien
Au morceau d'pain que j'jett', sans savoir, à mon chien.
Mais, si n'me connaît point, alors j'suis invisible;
J'exist' pas! i' va raide, en bois, q'c'en est risible.
On dirait q'ruminant des pein' ou des travaux
Il a, pour ne pas m'voir, des œillèr' comme les ch'vaux.
Ou bien, si d'mon côté sa vue un peu s'détache,
Ell' me dit: « T'es pas plus pour moi qu'un' bous' de vache! »
Ma foi! j'fais d'même! à l'un j'renvoie un bonjour sec,
Et j'dis à l'aut', d'un r'gard mauvais qui s'croise avec :
« Quoiq' pour fair' pousser l'blé la bous' de vach' soit bonne,

Je n'fais pas plus d'cas d'toi q'tu n'fais d'cas d'ma personne. »
J'vous ai vu c'soir, pèr' Jacq', ou j'avais la berlue,
Causer bien à vot' aise avec un gros Monsieur,
R'nommé, d'après l'dit-on, jusque dans not' chef-lieu,
Qu'est plus haut q'les bourgeois puisque tous le saluent,
L'vant les premiers l'chapeau qu'à l'habitude i's ont,
Excepté pour eux aut', si bien vissé sus l'front.
Ah! vous yen récitiez des prôn' et des harangues...
Vot' têt', vos yeux, vos bras marchaient autant q' vot' langue!
Lui, vous répondait d'même, avec un air tout rond.
Ses pareils avec nous de leurs parol' sont chiches :
D'où vient q'lui vous parlait, vous écoutait si doux? »
— « Eh ben! c'est qu'ce monsieur, malgré qu'i' soit si riche
De savoir et d'argent, est aussi simpl' que nous.

Ceux bourgeois qui sont froids comm' givre,
Dont la hauteur nous met si bas,
C'est pas Dieu possible! i' n'pens' pas
Q'c'est l'paysan qui les fait vivre.

Toujou', s'méfiant. i' nous ar'gardent.
Tels que des r'nards devant des loups ;
Nous aut' qu'on sait qu'i' peuv' plus q' nous,
Tout comme de juste, on s'tient en garde.

Mèm' qu'on leur fait des tours de ruse,
Qu'on les attrap' sans méchanc'té,
Pour voir alors leur min' confuse
Qui nous venge un peu d'leur fierté.

I' nous dis' ivrogn', lâch', avares,
D'mauvais sang, paillards, durs, en d'sous.
Ayant précisément comm' nous
Tout c'qui nous r'proch' de vice et d'tares.

En plus grand, puisqu'i' sont plus riches,
Moins brutaux, pa'c' qu'i' sont moins vrais.
C'est toujou' pour leurs intérêts.
Comm' la nôt', que leur conscienc' triche.

I' nous mépris' pa'c'qu'on n'sait rien
Des livr' qui les ont rendus blêmes...
Des fois, en ayant eu l'moyen,
On en saurait plus long qu'eux-mêmes.

Dans leurs vill' de choléra, d'pesse,
I' croient qu'i' sont l'pays entier !
Un campagnard instruit, rentier,
S'rait-i' ben seul'ment d'leur espèce ?...

A ça faut dir' q'ya p'têt' des causes :
Dans ceux fourmilièr' de vivants
I' n'ont que l' fabriqué, l'mouvant,
Jamais l'vrai ni l'posé des choses.

C'est not' solitud' de campagne
Qui nous donn' not' simplicité.
Eux, avec la foul' pour compagne,
I' n'apprenn' que la vanité !

Ceux gens n'voient qu' les pavés d'leurs rues
Et q'les murailles d'leur maison.
La nature absent' de leur vue :
L'naturel s'en va d'leur raison.

C'est c'qui fait qui n'sav' pas r'connaître
Qu'eux aussi s'raient p'têt' ben mieux
S'i' n'avaient pas eu chanc' de naître
D'parents qu'étaient rich' avant eux.

Leur fla-fla d'orgueil ? i' l'ramassent
Dans l'mensong' de la société,
Sans s'dir' que tout' les chos' qui passent
Sont égal' d'vant l'éternité.

Tous pareill'ment, on boit, on mange,
On pleure, on rit, on marche, on dort,
On est frèr' de naissance et d'mort.
C'est l'genr' d'exister qui nous change.

A cause du nòt' qui s'rait l'plus beau
Puisqu'il attach' notre infortune
A la terre, not' mèr' commune,
Not' nourricière et not' tombeau,

I' nous dédaign', nous mett' à l'ombre,
Et n'nous parl' qu'aux grand's occasions.
Pourtant, ya des gens d'réflexion
Et qui raisonn' ben dans leur nombre.

Pas vivr' pareil, ça met d'la glace
Entr' les en d'sus et les en d'sous.
Eux, à not' plac', f'raient tel que nous,
Comme on f'rait tel qu'eux à leur place.

Enfin! yaurait moyen d's'entendre :
Quand i' mett' les pouc', nous aussi!
Un coup d'soleil là, l'autre ici,
Et puis, la glace arrive à s'fendre.

Ah ben non ! j'cherch' pas à ruser
Avec ce bourgeois d'tout à l'heure,
Si bon dans l'fond, c'lui là ! q'j'en pleure
Chaq' fois que j'sors de lui causer.

C't' homm'-là qu'a l'esprit et l'moyen
I' ne r'connaît rien q' la nature,
Et n'fait pas dans l'mal ni dans l'bien
D'différence ent' les créatures.

Dans sa bonté pour tous les hommes,
S'il avait un' préfération
Ça s'rait pour ceux d'not' condition,
Pour les simpl' résignés q'nous sommes.

Qu'on d'mande à c'monsieur d'bon service
Et qui nous aid' sans tapager,
Si l'on f'rait pas pour l'obliger
Tout c'que l'on pourrait d'sacrifice ?

I' sait ben, lui, qu'est not' conscience,
Q la serrur' d'àm' d'un villageois
S'laiss' débarrer par un bourgeois
Avec la bonn' clef d'la confiance.

Au r'bours de c'que l'Évangil' prêche
Et qu'est p'têt' un peu trop parfait,
L'homm' de campagn' rend c'qu'on lui fait.
En gard' toujou' la mémoir' fraîche.

Avec tous ceux-là qui nous aiment
On est ouverts et r'connaissants.
Comm' pour les terr', chez l'paysan,
On récolt' toujou' c'que l'on sème! »

TABLE DES MATIÈRES

TABLE DES MATIÈRES

Réponse d'un Sage	3
Les Genêts	6
A quoi pense la nuit?	12
La Petite Sœur	13
La Charrette à bœufs	19
Le Mirage	21
Le Soleil	22
Le Père Éloi	24
L'Ile verte	28
Trois Ivrognes	29
Le Vieux Pâtre	34
Les Grands Linges	36
Le Saule	37
L'Interprète	38
Paysage gris	39
Les Glissoires	40
Journée de printemps	45
La Forêt magique	46
Tristesse des bœufs	47
Le Val des ronces	49
Le Vieux Chaland	51
Les Meules de foin	56
Frère et Sœur	57
Le Grand Cercueil	58
Le Site glacé	64
Le Vieux Haineux	65
Un Déjeuner champêtre	67
L'Abandonnée	69
Le Bon Fou	72

Les Trois Toc Toc......	75
Les Pierres.............	76
Croissez et multipliez......	77
Économie de pauvre........	80
Gendre et Belle-mère.......	81
Petit-Loup.............	86
L'Enjôleur.............	87
Le Vieux Pont...........	93
En Justice de paix.........	94
Après la messe...........	95
Le Miracle.............	96
Les Deux Bouleaux.........	103
Le Cri du cœur...........	104
Domestique de peintre.......	105
Les Clochettes...........	108
La Bonne Chienne.........	109
Sur une croix............	110
Le Sourd..............	112
Le Roi des buveurs.........	117
Le Maquignon...........	119
Le Distrait.............	121
Coucher de soleil..........	123
Vapeurs de mare..........	124
Ascension.............	125
A l'Aube..............	126
Pendant la pluie..........	127
Le Soleil sur les pierres......	129
La Cendre.............	131
Le Solitaire.............	133
La Plaine..............	135
La Réprouvée............	137
Tempête obscure..........	139
Magie de la nature.........	145
Le Lutin..............	146
La Roue de moulin.........	152
Le Père Pierre...........	153
Extase du soir...........	155
Les Infinis.............	156
Nostalgie de Soleil.........	157
La Fille amoureuse.........	159
La Vieille Échelle..........	166

Bon Frère et Bon Fils	167
La Voix du vent	169
Les Trois Noyers	170
La Tache blanche	174
En battant le beurre	175
Une Résurrection	177
La Remariée	178
Solitude	179
La Femme stérile	182
Deux bons vieux coqs	185
Un Jour d'hiver	186
La Jument Zizi	187
Le Veuf	188
Le Mutilé	190
L'Étang du mauvais pas	191
A l'Assemblée	195
Le Rebouteux	197
La Corne	198
Les Petits Cailloux	199
Les Asperges	204
La Meunière	205
La Forme noire	206
La Grande Cascade	207
Le Jeteur d'épervier	208
Le Lac et le Saule	210
Le Vieux Priseur	211
L'Ormeau	219
La Ressusciteuse	220
L'Aveugle	221
La Belle Dame	223
Le Forgeron	224
Repas de corbeaux	225
Le Centenaire	226
Évocations	228
Les Petits Maraudeurs	230
La Débâcle	231
Le Pêcheur d'écrevisses	233
La Morte	241
L'Officiant	242
Le Scieur de long	243
Le Vagabond	246

Le Grand-Père	248
La Mauvaise Rencontre	250
Les Deux Mendiants	252
Soir de pluie	254
La Mère	255
Le Boucher	256
La Châtaigneraie	262
L'Ancien Soldat	264
Les Tourtes	269
L'Enfant embourbé	270
La Ronce et le Serpent	271
Le Vieux Fumeur	272
Les Trois Bègues	274
Le Fossoyeur	275
La Baigneuse	277
Le Braconnier	279
La Mendiante	280
La Veuve	281
Le Bon Curé	282
Forêt brûlée	289
Le Dictame	290
La Rieuse	291
Le Vieux Pêcheur	293
Vers l'encavement	294
Les Amants charbonniers	295
Fin d'hiver	296
Le Donjon	297
L'Église abandonnée	299
Le Soufflet	300
L'Indigné	302
L'Heure bienfaisante	304
Les Apaiseurs	305
La Mort au printemps	307
Pitié des pâquerettes	308
La Prière du silence	310
L'Éternité	311
L'Instinct	312
La Vraie Joie	313
Le Philosophe	315
Les Clairvoyants	320

Sceaux. — Imprimerie E. Charaire.

www.ingramcontent.com/pod-product-compliance
Lightning Source LLC
Chambersburg PA
CBHW060640170426
43199CB00012B/1614